MAISON

DE

SOUBIRAN DE CAMPAIGNO

IMPRIMERIE J. CLAYE
RUE SAINT-BENOIT 7

PARIS

MAISON

DE

SOUBIRAN DE CAMPAIGNO

NOTICE HISTORIQUE ET GÉNÉALOGIQUE

PAR

J. NOULENS

PARIS

CHEZ M. J. NOULENS | CHEZ DUMOULIN, LIBRAIRE
RUE DU FAUBOURG-SAINT-HONORÉ, 182 | QUAI DES GRANDS-AUGUSTINS, 13

—

1874

DE SOUBIRAN DE CAMPAIGNO

VICOMTES DE PAULIN, MARQUIS D'ARIFAT,
SEIGNEURS D'ARIFAT, DE PUYGOSON, DE PELAPOUL, DE SALVAGNAC, DE BRASSAC,
DE MONTPIGNÉ, DE FALGA, DE RIEUMAJOU, DE LA DOUZE, DE LA CAZELLE,
DE GARSEVAL, DE LISSAC, DE SATAR OU SATUR, DE BELFORT,
DE BESSIÈRE, DE CADALON, DE MONTMAUR, D'ARNAC, DE COURTADE, DU DÉHÈS,
DE CAMPAIGNO, DE LIGARDES, DU GRÉZAU, DE LA TEULÈRE,
DE SAINT-QUENTIN, DE MAULENS, DE MONTGIRAUD,
DE SAINT-MARTIN, DE MALPLETON, DE CUBLÈTES, DE BOZAS, ETC.

LANGUEDOC, GASCOGNE.

ARMES : Écartelé, au 1 et 4 d'argent, à une bande de gueules, chargée d'un
croissant d'argent, *qui est* DE SOUBIRAN, au 2 et 3, de gueules, à la croix
d'argent, *qui est* DE PATRAS DE CAMPAIGNO.

ARNAUD, GUILLAUME et RAYMOND DE SOUBIRAN
(*Sobirats*), frères, figurent avec ARMENGAÜD DE SOUBI-
RAN dans un hommage rendu, en 1100, à Bernard-
Aton, vicomte de Béziers, à Cécile, sa femme, et à leurs
enfants, par Arnaud et Raymond d'Arifat, père et fils.

1

Un ISARN DE SOUBIRAN se montre aussi dans le même acte de vassalité, mais ne prête pas comme ses cousins le serment féodal [1].

GUITARD et BERNARD de SOUBIRAN furent présents en 1122 à la cession du bourg vicomtal, consentie par Elzéar, seigneur de Castries, et Engelrade, sa femme, en faveur de Bernard-Aton, vicomte de Béziers. Alchier ou Alguier de Thezan (de Teciano) coopéra aussi à cette donation [2].

GUILLAUME DE SOUBIRAN (Sobirats) apparaît parmi les signataires d'une charte, en vertu de laquelle Raymond Bérenger, comte de Barcelone, fit, le 17 avril 1144, diverses cessions territoriales à l'abbaye de Ripouille [3].

GUILLAUME DE SOUBIRAN (Sobeyran), archidiacre de Maguelonne, s'associa et acquiesça à l'alliance confraternelle conclue en 1169, sous le patronage de Jean de Montlaur, évêque de Maguelonne, entre le chapitre de cette dernière ville et ceux de Mende et d'Uzès [4].

---

1. Coll. Doat, vol. CLXVI, fol. 114-116. Cabinet des titres, Bibl. de Richelieu. — (Voir aux *Pièces justificatives*, DOCUMENT I.)

2. *Ut supra*, fol. 142 et verso. Cabinet des titres, Bibl. de Richelieu. — (Voir aux *Pièces justificatives*, DOCUMENT II.)

3. Collection de Camps, vol. CIX, fol. 283. Bibl. de Richelieu, Cabinet des titres.

4. GARIEL, *Series Episcoporum Maguelonensium*, fol. 143-144. — Coll. de Camps, vol. CIX, fol. 283. Bibl. de Richelieu, Cabinet des titres.

Au mois d'octobre 1231, Adam de Miliac, lieutenant du roi de France ès pays de Languedoc, aliéna au profit de Pierre Raymond, abbé de Saint-Pierre de Caunes, certains honneurs et domaines qui avaient été réunis à la couronne par suite de confiscations opérées sur plusieurs chevaliers entachés d'hérésie et de forfaiture. A cette vente, consentie au prix de soixante livres melgoriennes, on voit parmi les possesseurs dépouillés BERNARD DE SOUBIRAN, Guillaume de Mirepoix[1], Jean de Verdier. Bernard de Soubiran reparaît dans une charte, souscrite le 3 des nones de novembre 1240. En vertu de cet acte l'abbé et les moines de Caunes renoncèrent à leur privilége de succéder aux habitants de la juridiction qui mouraient sans laisser d'enfants et sans tester. Tout en se privant de ce droit, le monastère, incomplétement désintéressé, avait retenu les *foriscapes*. Voulant s'affranchir de cette taxe, les tributaires y réussirent en faisant compter aux religieux dix mille sols melgoriens. A cet instrument d'émancipation participèrent Bernard de Soubiran, Pierre de Pujol, Armand d'Olonzac, Guillaume de Saissac, Pierre de Narbonne, Guillaume de Gaillard, Pierre de Barbayrac[2], etc.

1. Collection Doat, vol. LVIII, fol. 303-308. Bibl. de Richelieu, Mss. — (Voir aux *Pièces justificatives,* DOCUMENT III.)

2. *Ut supra,* vol. LVIII, fol. 349-328. Bibl. de Richelieu, Cabinet des titres. — (Voir aux *Pièces justificatives,* DOCUMENT IV.)

BÉRENGER DE SOUBIRAN (*Soubirats* ou *Sobeirats*) fut
témoin de l'hommage, rendu le 17 janvier 1236, à Jean
de Montlaur, évêque de Maguelone, par Jacques, roi
d'Aragon et de Majorque, comte de Barcelone et
d'Urgel, seigneur de Montpellier. Le monarque devait
au prélat le serment de fidélité à cause de la ville de
Montpellier et du château de Palude, vulgairement
appelé Latas[1].

Autre BÉRENGER DE SOUBIRAN existait le 3 des
ides d'avril 1297, ainsi qu'il appert d'un règlement fait
par Pierre de Bernard, abbé de Montolieu, qui déter-
mine la pitance des religieux pour tous les jours de
l'année et la période de l'avent. La part quotidienne
de chacun d'eux consistait en un poisson salé ou frais
(de mer ou de rivière), préparé à la sauce, et le dessert
en cinq noix. A la Noël, cette ration était doublée et
accrue de six œufs, d'un morceau de fromage, de
nectar et de *nebulas*. D'autres détails sur les rations de
l'abbé, de l'évêque et du religieux majeur nous font
connaître la vie intérieure de l'ordre de Saint-Benoît[2].
Trente ans après, le 16 août 1327, nous retrouvons
Bérenger de Soubiran, prieur d'Aigues-Vives, dans une

---

1. Collection Doat, vol. LXXII, fol. 134. — (Voir aux *Pièces justificatives*, DOCUMENT V.)

2. Collection Doat, vol. LXIX, fol. 274-284; Bibl. de Richelieu, Cabinet
des titres. — (Voir aux *Pièces justificatives*, DOCUMENT VI.)

déclaration d'Ozilius, abbé de Montolieu. Ce dernier atteste qu'il avait été convenu entre lui et Raoul Chabot, commissaire du roi de France pour la réformation des coutumes, dans les sénéchaussées de Carcassonne et de Toulouse, que l'adultère, homme ou femme, pourrait se libérer moyennant une amende de soixante livres. Faute de payement, le ou la coupable étaient réduits à parcourir la ville sans le moindre vêtement. Au mépris de cet accord, Jeanne, femme de Pierre Gaillard, habitant de Montolieu, et prévenue dudit crime, avait été condamnée par le procureur de la cour, non-seulement à être exhibée toute nue, mais encore à l'exil perpétuel et à la perte de tous ses biens. Les consuls de Montolieu et plusieurs seigneurs de la juridiction protestèrent contre cette violation des nouveaux statuts. Bérenger de Soubiran, prieur d'Aigues-Vives, Arnaud de Roquefort, abbé de Villars, Albert de Lissac, Izarn d'Hautpoul sont cités parmi les réclamants[1].

PHILIPPE DE SOUBIRAN se montre, le 15 avril 1306, dans une supplication adressée au collége des cardinaux par les chapitres de Saint-Salvy et de Sainte-Cécile, ainsi que par l'abbé et les religieux de Gaillac, pour qu'il fût suspendu aux mesures répressives déployées contre le menu peuple par les inquisiteurs. Au nombre des

---

1. Collection Doat. vol. LXIX, fol. 311-318 v°. — (Voir aux *Pièces justificatives*, DOCUMENT VII.)

syndics et des mandataires chargés par la ville d'Alby de défendre la vie et les franchises de ses habitants, on remarque Philippe de Soubiran[1].

BERTRAND DE SOUBIRAN était marié à Jacobie ou Jacquette Soubirane, citée seule dans un jugement de 1348, et en compagnie de son mari dans des déclarations qu'elle fit devant le formidable tribunal de l'inquisition le premier dimanche de carême de l'an 1326. Barthélemy, évêque d'Alet, Henri de Chamay et Pierre Brun, inquisiteurs de Carcassonne, les vicaires de l'archevêque de Narbonne, des évêques de Béziers et de Castres, rendirent en 1348 une sentence qui imposait aux Béguins, continuateurs des Albigeois, ayant abjuré leur hérésie, l'obligation de porter, en signe de pénitence et dans un but de purification, une croix jaune sur la poitrine et sur le dos. Ils étaient en outre tenus, sous peine de la hart, de faire un pèlerinage à Saint-Pierre de Rome, à Saint-Jacques de Compostelle, à Saint-Thomas de Cantorbéry et dans les lieux saints les plus réputés de France, tels que Saint-Denis, Saint-Martial de Limoges, Notre-Dame de la Fin des Terres, en Guienne, Sainte-Marie du Puy, etc. Ils devaient en outre se confesser trois fois par an et se présenter à toutes les messes et processions les dimanches et fêtes,

---

1. Collection Doat, vol. XXXIV, fol. 42-80. — (*Pièces justificatives*, DOCUMENT VIII.)

tenant en main un faisceau de verges. Ces stigmates
extérieurs et ces voyages expiatoires furent infligés à
une infinité de personnes rentrées dans le sein de
l'église, notamment à Hélie de Laurens, Pierre de
Montlaur de Narbonne, à Bérengère Donas, à Guillelme
Savile, à Jacobie Soubirane, femme de Bertrand de Soubiran, résidant à Carcassonne. Cette Jacobie Soubirane
déposa dans une enquête de 1326, relative à la secte
des Béguins, ramification, je le répète, des erreurs
albigeoises et recrutée en grande partie chez les frères
mineurs. D'après son dire, les Béguins, qu'elle avait
fréquentés avant son abjuration, professaient que le
pape Jean XXII ne pouvait dispenser des vœux évangé-
liques, qu'il était l'Antechrist mystique, que les cardinaux et les évêques formaient une Église charnelle en
opposition absolue avec la primitive, que Jésus et les
apôtres, contempteurs des richesses temporelles, ne
possédaient rien ni en particulier ni en commun. Ces
novateurs soutenaient en outre que la onzième corne,
dont il est question dans l'*Apocalypse*, symbolisait
l'élection d'un petit roi par un faux pape qui serait
probablement frère Ange, de l'ordre des Mineurs[1]. Tel
fut le récit de Jacobie, épouse de Bertrand de Soubiran,

---

[1]. Coll. Doat, vol. XXVII, fol. 1 verso, fol. 7 recto, Bibl. de Richelieu,
Mss; même Coll. vol. XXVIII, du fol. 176 au fol. 213. — (Voir aux *Pièces
justificatives,* DOCUMENTS IX et X.)

après avoir obtenu sa grâce pour ses défaillances reli-
gieuses.

ANTOINE DE SOUBIRAN, grand commandeur et
vicaire général du grand prieur de Malte, porta, quoique
chevalier de Saint-Jean de Jérusalem, la qualité de
vicomte de Paulin[1]. Il fut un des personnages les plus
importants de son ordre pendant la première partie du
XVIe siècle.

PIERRE DE SOUBIRAN, mentionné, en 1540, dans
une bulle de Paul III, est dit ouvrier du chapitre de la
cathédrale de Castres[2].

GEORGES DE SOUBIRAN est compris dans la revue
passée, le 15 novembre 1558, par René de la Place,
chevalier, et commandée par le roi de Navarre. François de Ranconis, trésorier des guerres, fit compter à
chacun des combattants leurs « gages et souldes » pour
leur service durant les mois de juillet, août et septembre
de ladite année. Les hommes d'armes reçurent cent
neuf livres tournois par tête, et les archers, dont était
Georges de Soubiran, cinquante-quatre livres dix
sols[3].

JEAN DE SOUBIRAN D'ARIFAT fut incorporé fort

---

1. Catalogue des chevaliers de Saint-Jean de Jérusalem, de la vénérable
langue de Provence, t. I, fol. 664 ; Bibl. de l'Arsenal, Mss.

2. *Gallia christiana*, t. I, p. 21, 1re col.

3. Fonds français, no 24,524, folio 1702, Cabinet des titres, Bibliothèque
de Richelieu.

jeune encore dans la compagnie des mousquetaires, et la suivit dans toutes ses marches et contre-marches pendant la guerre de Hollande. C'est dans cette brillante expédition de l'armée française qu'il se signala maintes fois et devint successivement sous-brigadier, brigadier et maréchal des logis. Au siége de Mons, en 1694, comme à l'assaut du château de Namur, l'année suivante, il fit des prodiges de valeur. A la mort de M. des Aubiers, en 1703, Jean de Soubiran fut appelé à le remplacer en qualité de cornette, et succomba peu de temps après à une attaque d'apoplexie[1].

HENRI DE SOUBIRAN, marquis d'Arifat[2], seigneur de Bessières, était le frère puîné du précédent. Il entra dans la compagnie des mousquetaires, quoique adolescent, pour y apprendre de bonne heure le métier des armes. On le trouve combattant, à côté de son frère, sous les murs de Mons et de Namur. Ses actions

---

1. Fonds bleu, dossier de Soubiran ou de Soubeyran, Cabinet des titres, Bibl. de Richelieu.

2. La *Gazette de France*, de 1721, p. 232, le qualifie marquis. Il est titré de même, ainsi que son fils Albert, par beaucoup d'autres auteurs, notamment par Lainé, en ses *Archives de la Noblesse de France*, t. II, art. de *Richard*, p. 8.

Henri de Soubiran est signalé dans la plupart des mémoires militaires relatant les campagnes de son temps, comme ayant bien mérité du roi et de la France par son intrépidité chevaleresque et son habileté stratégique. S. Lamoral Le Pippre a constaté avant nous que son mépris du danger valut à Henri de Soubiran une glorieuse blessure, durant la bataille de Ramillies, le 23 mai 1706.

d'éclat à la bataille de Nerwinde, où il fut grièvement blessé, lui méritèrent de précieux éloges dans le rapport de ses chefs. Henri de Soubiran eut l'honneur d'avoir un sous-commandement dans les troupes chargées de faire cortége au duc d'Anjou, petit-fils de Louis XIV, se rendant en Espagne pour prendre possession de la couronne et se faire proclamer roi sous le nom de Philippe V. Ce monarque lui témoigna sa satisfaction particulière en le faisant créer chevalier de Saint-Louis. Il fut élevé au rang de cornette en 1704 et Louis XIV, peu de temps après, le gratifia d'une pension de quinze cents livres. Au grand combat de Ramillies, Henri de Soubiran, emporté par son ardeur chevaleresque, affronta les plus grands périls et fut atteint d'un coup de feu. A la bataille de Malplaquet, il s'avança jusqu'aux premières lignes de l'ennemi et revint au milieu de ses soldats couvert de sang. Sa récompense fut un brevet de brigadier d'armée. Il se démit de sa charge militaire en 1719 et se retira dans la vie privée pour y soigner ses blessures[1].

1. Fonds bleu, dossier de Soubiran ou de Soubeyran, Cabinet des titres, Bibl. de Richelieu.

En 1706, elles serviront (les deux compagnies de mousquetaires) dans l'armée de Flandre, commandée par S. A. S. E. de Bavière et le maréchal de Villeroy, formant brigade à leur ordinaire avec toute la maison de Sa Majesté, qui occupa toute la droite à la bataille de Ramillies, livrée le 23 mai, jour de la Pentecôte ; quoique cette bataille fût très-malheureuse

FILIATION.

I

AMBLARD DE SOUBIRAN, qui ouvre la marche des générations authentiquement graduées, fut créé sénéchal de Carcassonne le 19 juillet 1208, selon le marquis d'Aubais, et le 1er juillet 1218, d'après certains mémoires généalogiques conservés dans le *Fonds bleu* au Cabinet

pour la France, elle fut cependant très-glorieuse pour les mousquetaires, qui firent connoître dans ce jour que la valeur n'attend pas le nombre des années, car leur jeunesse paroissoit n'être pas capable de soutenir un long combat, cependant elle se trouva infatigable et capable de faire éclater une valeur consommée, comme si elle eût déjà été à plusieurs combats, quoique ce fût le coup d'essai de la plupart d'entre eux, donnant avec un courage héroïque, à l'exemple des gendarmes et chevau-légers de la garde qui étoient à sa gauche, sur tout ce qui se trouva devant elle, rompit et culbuta les ennemis, et ne s'arrêtant que lorsqu'ils s'aperçurent que toute la cavalerie de la droite étoit renversée et qu'ils n'étoient pas soutenus; alors, se disposant à faire leur retraite, ils se virent tout à coup enveloppés de plusieurs escadrons, mais sans s'émouvoir, prenant la généreuse résolution de se faire jour à la pointe de leurs épées, ils l'exécutèrent avec tant d'intrépidité, que, rejoignant la droite de la cavalerie, ils se retirèrent avec elle jusques par delà le défilé de Jodoigne; on doit croire que ce ne fut pas sans une perte considérable : la compagnie des mousquetaires blancs, appelée aujourd'hui mousquetaires gris, eut de blessé le marquis de Janson, sous-lieutenant, qui commandoit la compagnie; le marquis de la Luzerne,

des titres; cette haute charge avait été occupée avant lui par Aimeric de Roquenegade[1].

Amblard de Soubiran fut père de :

II

AMBLARD II DE SOUBIRAN, seigneur d'Arifat, qui eut, d'une union restée inconnue, les huit enfants ci-dessous énoncés :

enseigne, et D'ARIFAT, cornette, le furent dangereusement de deux coups de fer et d'un coup de feu, avec 49 mousquetaires et 13 de tués. (*Abrégé chronologique et historique,* par M. Simon Lamoral Le Pippre de Nœuf-ville, t. II, p. 285-286.)

Le même Simon Lamoral range Henri Soubiran de Bessière parmi les enseignes et cornettes brigadiers d'armée de 1709 à 1710 :

ENSEIGNES, BRIGADIERS D'ARMÉE.

1. Nicolas du Bosc d'Aigrebers, en 1709.
2. Henri D'ARIFAX de Bessière, en 1710.
3. Charles-François Montestay, en 1734.
4. Louis, marquis de Montesquiou, en 1749.

CORNETTES, BRIGADIERS D'ARMÉE.

1. Nicolas du Bosc d'Aigrebers, en 1709.
2. Henri D'ARIFAX de Bessière, en 1710.

(*Abrégé chronologique et historique,* par Simon Lamoral Le Pippre de Nœufville, t. II, p. 142-143.)

1. Fonds bleu, dossier de Soubiran ou de Soubeyran, Cab. des titres, Bibl. de Richelieu. — *Pièces fugitives pour servir à l'Histoire de France,* par le marquis d'Aubais, 1759; in-4°, t. II, *Jugements sur la noblesse du Languedoc,* p. 161.

1° Arnaud II de Soubiran, qui figure dans un acte de 1303;

2° N. de Soubiran, marié à N. Creutz. Il est mentionné dans le contrat de mariage de Pechgoson ou Puygoson, son neveu, en 1299[1];

3° Bernard, seigneur de Paulin (*de Pollano*), fut fondateur de la branche désignée par ce fief. Ce Bernard de Soubiran, Guillaume et Raymond, ses frères, seigneurs de Paulin, Pierre de Soubiran demeurant à Villefranche, sont tous quatre inscrits sur le livre de la recette des amendes prononcées par le grand inquisiteur et perçues en 1302 par le procureur royal de Carcassonne au profit du trésorier de la même ville. Ce compte prouve que, cent ans après les massacres de Simon de Montfort, l'hérésie albigeoise n'était pas encore totalement extirpée : beaucoup de familles avaient en secret persévéré dans la doctrine persécutée, et la secte, après des transformations successives, s'était fondue avec celle des Vaudois. Au nombre des derniers convertis et condamnés à des peines fiscales, on rencontre quelques membres de la maison de Soubiran et notamment Bernard, Guillaume, Raymond et Pierre,

1. Généalogie dressée sur actes originaux. Mst. in-4° de la seconde moitié du dernier siècle; Archives de M. Denis de Thezan.

désignés plus haut[1]. Les hoirs de Bernard de Soubiran furent : — I. *Amblard*, seigneur de Pollano ou Paulin, qui s'allia en 1299 à *Jansione*, fille de feu Guillaume de Calmont, damoiseau de Rodez, et d'Ermangarde. Il convola en secondes noces avec *Hélix de Montbrun* et transmit tous ses biens, en 1327, à Sicard d'Arifat, son neveu, ce qui fait présumer que les deux femmes d'Amblard III ne lui donnèrent point progéniture ; — II. *Isarn*, vicaire à Olonzac, mentionné dans un acte de 1309 ; — III. *Gaye de Soubiran* ; — IV. *Raymond*, cité, avec son frère aîné, dans le codicille d'Amblard III, seigneur d'Arifat[2] ;

4° AMBLARD III, que nous allons reprendre au prochain degré ;

5° AMALRIC, qui termina sa carrière en 1315 ;

1. Collection Doat, vol. XXXIII, fol. 207-273 ; Bibl. de Richelieu, Cabinet des titres. — (*Pièces justificatives*, DOCUMENT XI.)

On trouve à la même époque, parmi les valets de Philippe le Bel, un BERNARD DE SOUBIRAN. Celui-ci figure en 1304 dans un compte de chevauchées, dressé par Jean de Saint-Just, qui a pour titre : *E duobus codicibus ceratis Johannis de Sancto Justo* ; il est porté comme ayant combattu depuis la Saint-Marc jusqu'à la fête de Saint-Symon et Judas, même année. (*Recueil des Historiens de la France*, publié par MM. de Wailly et Delisle, t. XXII, fol. 621.) Trois ans après, nous voyons un HÉMARD DE SOUBIRAN remplissant à la cour les mêmes fonctions que Bernard et envoyé comme lui en mission guerrière. Il est ainsi mentionné : « Hemardus Soubiran pro XVIII diebus usque tunc. » (*Même ouvrage que ci-dessus*, p. 593 J.)

2. Généalogie dressée sur actes originaux. Mst. in-4° de la seconde moitié du dernier siècle ; Archives de M. Denis de Thezan.

6° RAYMOND, dont nous avons constaté l'existence comme hérétique repentant en 1302[1]. Il mourut la même année que le précédent, laissant deux fils : *Amblard* et *Amalric*, seigneurs de Campagne, substitués aux droits de Sicard Ier de Soubiran, leur oncle breton[2];

7° GUILLAUME DE SOUBIRAN, qui fut frappé, en 1302, par les inquisiteurs de Carcassonne de la même pénalité que ses frères Bernard et Raymond. On le croit père de *Blanche de Soubiran;*

8° NAVARRE DE SOUBIRAN, épouse de RAYMOND DURBAN, sire d'Olonzac, et mère de *Bernard, Raymond, Alamane* et *Braside Durban.* Cette ancienne et antique race des Durban, tombée en quenouille, s'est identifiée par des mariages avec les maisons Gléon-Trelles, au diocèse de Narbonne, des Guillots et de Calouin Patry en la juridiction de Saint-Papoul[3].

III

AMBLARD III DE SOUBIRAN, fils d'Amblard II, était sénéchal d'Albigeois, de Narbonne et de Rodez en 1300. Il avait été appelé à ce poste par Philippe le Bel. Amblard de Soubiran coopéra par sa présence, le

1. Coll. Doat, vol. XXVIII, fol. 176-213.
2. *Idem,* vol. XXVIII, fol. 176-213. Bibl. de Richelieu.
3. Généalogie de Soubiran, dressée sur titres originaux. Arch. de M. Denis de Thezan.

14 janvier 1304, à la confection des lettres par lesquelles Égidius, évêque de Narbonne, admettait Amalric, vicomte de ce lieu, à lui rendre hommage pour une partie de ladite ville. Cet acte de vassalité était une réparation légitimement due au prélat, car Amalric avait prêté serment entre les mains de Philippe IV, roi de France, au préjudice d'Égidius[1]. Amblard s'était allié vers 1285 à RAIMONDE DE RUPE ou DE LA ROQUE, fille de Bernard et sœur d'autre Bernard, seigneur de Rasilles. Ce dernier, en l'année ci-dessus, prit l'engagement d'acquitter la somme constituée en légitime à la femme d'Amblard de Soubiran, que nous trouvons tuteur de son neveu Sicard de la Roque en 1309. Le pupille fournit une quittance à son oncle l'an 1312. Amblard testa en 1315 et fit un codicile en 1318. Raimonde, sa veuve, dicta ses dispositions posthumes en 1335. Elle avait précédemment fondé un obit. Ils laissèrent entre autres hoirs :

1° SICARD I DE SOUBIRAN ;

2° AMBLARD, sieur d'Aigrefeuille, qui entra dans les ordres ;

3° BRAIDE, mariée à JEAN DE MANENCOUR[2] (*Manenti*

---

1. Collection Doat, vol. XLIX, fol. 340-350 v°; Bibl. de Richelieu, Mss. — (Voir aux *Pièces justificatives*, DOCUMENT XII.)

2. Il paraît être frère de Signe de Manencour, qualifiée dame de Moncouquiol, Arifat et Curvalle, femme de noble Pons de Thezan, fils d'autre Pons et de Béatrix de Caylus, lequel vivait en 1328.

curia), fils de Guillaume, seigneur dudit lieu. Il est question de ladite Braide dans trois quittances se rapportant à sa dot et délivrées en 1322, 1323 et 1321[1];

4° SAXIE DE SOUBIRAN, descendue dans la tombe avant 1318;

5° ERMANGARDE, femme de PIERRE DE SALVAGNAC, seigneur de Misègle. Elle recueillit quelques domaines dans la succession de Sicard de Soubiran, son frère, ouverte en 1337. Sa fille unique, appelée *Salvagne,* se maria, suivant quelques historiographes, à *Guy de Comminge,* et mourut peu de temps après. Ermangarde testa en 1348 et légua tous ses biens à ses cousins germains Arnaud et Raymond de Soubiran[2].

IV

SICARD Ier DE SOUBIRAN, seigneur de Puigoson ou Peghoson et d'Arifat, hérita d'Amblard III, seigneur de Paulin, et prit alliance avec RAYMONDE DE MONESTIER, sœur de cette Agnès qui passa un compromis, en 1335, avec Sicard de Soubiran, son beau-frère, dont la postérité va être ci-après énoncée :

1. Généalogie dressée sur actes originaux, mst. in-4° de la seconde moitié du dernier siècle. Arch. de M. Denis de Thezan.

2. *Idem.*

1° AMBLARD IV DE SOUBIRAN;

2° PONS, religieux dans un couvent à Castres et prieur de Murasson. Il régla ses comptes de tutelle avec ses pupilles, nés de son frère Amblard, en 1365;

3° ARNAUD, auquel incombèrent les possessions féodales des Pelapoul et des Salvagnac. De son union avec BLANCHE DE . . . . . sortit une fille du nom d'*Hélène*, qu'il favorisa de son mieux dans son testament de 1346, mais la majeure partie de ses biens, conformément aux us de l'époque, fut réservée par substitution à Amblard, Pons et Isarn, frères dudit Arnaud;

4° RAYMOND DE SOUBIRAN, héritier de sa cousine Salvagne de Salvagnac;

5° ISARN DE SOUBIRAN, qui embrassa l'état religieux et figure parmi les moines de Moissac;

6° GUY DE SOUBIRAN;

7° ZÉBÉLIE DE SOUBIRAN, mariée à RAYMOND DE BRASSAC, seigneur de ce lieu, qui reconnut, en 1336, avoir touché la légitime de sa femme;

8° RÉNÉE *alias* NAVARRE DE SOUBIRAN, conjointe à ARNAUD DE PONTVIEIL (*Ponte veteri*);

9° BRÈDE DE SOUBIRAN;

10° BERTRANDE DE SOUBIRAN, épouse de BRINGUIER DE PADIÈS. Le payement de sa dot fut parachevé en 1375[1];

---

1. Généalogie dressée sur actes originaux, mst. in-4° de la seconde moitié du dernier siècle. Arch. de M. Denis de Thezan.

11° AGNÈS DE SOUBIRAN;

12° ERMANGARDE DE SOUBIRAN, qui contracta union avec N..., dont elle eut *Mabelie*, femme de *Bernard de Saissile*, sire de Ferrières (*Ferreriis*);

13° RAYMONDE DE SOUBIRAN, mariée à RAYMOND CANDIÈRE, seigneur de Besancourt, avant 1346[1].

V

AMBLARD IV DE SOUBIRAN fut un des comparants à la revue de deux cents hommes d'armes et de deux mille sergents ou servants à pied qui combattaient, le 8 septembre 1339, sous la bannière de France et la conduite du comte de Foix. Cette montre fut faite à Mont-de-Marsan et reçue par Bernard de Beauvoir (*de Bellovidere*), viguier de Carcassonne, conformément aux lettres de Pierre de Palude, seigneur de Varembon, capitaine général pour le roi en Languedoc[2]. Amblard IV de Soubiran guerroyait encore en 1355, ce qui appert d'un certificat de son capitaine, le sire de Barbazan. Il fut appelé, en cas d'extinction dans la ligne masculine de ses deux frères, Raymond et Arnaud, à recueillir

1. Généalogie dressée sur actes originaux, mst. in-4° de la seconde moitié du dernier siècle. Arch. de M. Denis de Thezan.

2. Coll. Doat, vol. CLXXXVI, pl. 332-363; Bibl. de Richelieu, Mss.

leurs grands fiefs. On ignore la date de son alliance avec MARQUISE DE LAUTREC, sœur de Guy, et fille d'autre Guy, comte du Caylar. Marquise était veuve de N. de Bonne, dont elle avait eu un fils du prénom de Bochard, lequel signa un arrangement avec Sicard de Soubiran, son frère utérin, vers 1359[1]. Amblard IV distribua sa succession, l'an 1361, entre ses enfants que voici :

1.º SICARD II DE SOUBIRAN, qui reparaîtra ci-dessous;

2º BERTRANDE DE SOUBIRAN, qui devint femme de BERTRAND DE BAR avant 1373, époque où elle délivra à son frère aîné une quittance dotale;

3º HÉLÈNE DE SOUBIRAN;

4º AGNÈS DE SOUBIRAN[2].

VI

SICARD II DE SOUBIRAN, ayant de bonne heure perdu son père Amblard IV, fut mis sous la triple tutelle de sa mère et de ses oncles Pons de Soubiran et Bringuier de Padiès[3], qui lui rendirent compte de leur gestion en 1365. Il épousa SIBILE ou ZÉBÉLIE DE

1. Généalogie de Soubiran dressée sur actes originaux, mst. in-4º de la seconde moitié du dernier siècle. Arch. de M. Denis de Thezan.

2. *Ut suprà.*

3. *Idem.*

TUREYO ou DE THURY, fille de Guillaume, seigneur de Paulin, et de Honor de Lautrec, et petite-fille d'Aimery de Thury et de Sibile de Lautrec-Venès. Elle était sœur de Sifred de Thury, vicomte de Paulin, époux de Lombarde de Saint-Paul, qui mourut sans enfants et laissa par testament, en 1350, son fief titré à Sicard II de Soubiran, qui devint ainsi vicomte de Paulin. La même année, Zébélie fut également instituée héritière de son père Guillaume. Un peu plus tard elle concentrait dans ses mains la meilleure partie des possessions de sa branche, car Philippe de Lautrec, compétiteur dans la succession de Sifred de Thury, renonça en 1376 à toute revendication ultérieure[1]. Zébélie fut mère de :

1° BERNARD DE SOUBIRAN ;

2° MARGUERITE DE SOUBIRAN ;

3° CATHERINE, qui épousa AVIRON DE MONTBRUN, lequel fit quittance des droits d'icelle en 1425[2] ;

4° MARIE DE SOUBIRAN s'allia par contrat post-nuptial le 8 août 1435 à noble JEAN DE PINS, premier du nom, damoiseau, seigneur et baron de Caucalières. Le père de Jean de Pins ayant été appelé dans le ban de la noblesse pour se mettre aussitôt aux champs, son fils, ne voulant point lui laisser courir les risques de la guerre, prit sa place. Bien décidé à vaincre ou à

---

1. Généalogie de Soubiran précitée.
2. Idem.

mourir, il fit son testament en traversant Toulouse le
15 juin 1442. Une grave fracture de la jambe, déter-
minée par une chute de cheval, le força à se faire
remplacer à son tour par un homme d'armes. Les
suites de cet accident furent mortelles[1]. Au nombre
des enfants de Jean de Pins et de Marie de Soubiran
nous pouvons citer : — I. *Antoine de Pins,* seigneur et
baron de Caucalières, en Albigeois, marié à noble
Magne de Hautpoul, que de Courcelles présume avoir
eu pour auteurs Pierre Raymond V, baron de Hautpoul, et Blanche de Marquefave, baronne de Rennes;
— II. *Jean de Pins,* viguier de Toulouse et lieutenant
du sénéchal de Languedoc en novembre 1495; il était
sur la frontière d'Espagne à la tête de cent hommes
d'armes pour résister aux troupes que Ferdinand le
Catholique envoyait aux entours de Narbonne et de
Carcassonne, dans le but de ressaisir un château dont
sa nièce, Catherine de Foix, avait été, prétendait-il,
injustement dépouillée[2].

---

1. Preuves faites devant Chérin par M. de Pins pour entrer dans les
carrosses du roi. Bibl. de Richelieu, Cabinet des titres.

2. DE COURCELLES, *Histoire des Pairs de France,* généalogie de la
Maison de la Roche-Aymon, t. V, p. 86. — Même ouvrage que ci-dessus,
art. *de Pins,* p. 44.

VII

BERNARD DE SOUBIRAN, qualifié haut et puissant seigneur, vicomte de Paulin et seigneur d'Arifat, obtint du roi de Hongrie la cession de tous les biens appartenant à ce monarque dans l'Arrifardès. Ce transport est prouvé par divers titres de 1426, rappelant des actes antérieurs de près d'un siècle, et passés par Sicard de Soubiran, bisaïeul dudit Bernard. Ce dernier prit pour femme ANNE DE MONCLAR, à laquelle le pape accorda diverses indulgences en 1454[1]. Elle procréa :

1° GUILLAUME DE SOUBIRAN;

2° GILBERT DE SOUBIRAN, sieur de Brassac, en Albigeois, tige des Soubiran, seigneurs de Brassac, rapportés plus loin[2];

3° MARGUERITE, qui contracta union avant 1448 avec PIERRE DE VERNÈS DU FALGA, fils de Guillaume et coseigneur de Revel, dont les biens passèrent ensuite aux Soubiran Brassac[3], par suite du mariage de Jeanne de

---

1. Généalogie de Soubiran dressée sur actes originaux, mst. in-4° de la seconde moitié du dernier siècle. Arch. de M. Denis de Thezan.
2. Ut suprà.
3. Idem.

Vernès, son arrière-petite-fille, avec Pierre de Soubiran[1] mentionné à son rang dans la filiation de son rameau.

VIII

GUILLAUME DE SOUBIRAN est qualifié, de même que son père, haut et puissant seigneur, vicomte de Paulin et seigneur d'Arifat. On ignore le nom de sa femme, mais on sait celui de ses enfants, qui furent :

1° JEAN-ANTOINE DE SOURIRAN, vicomte de Paulin ;

2° RAYMOND DE SOUBIRAN, marié à FRANÇOISE DE CAPRIOL, par pactes du 24 janvier 1516 ;

3° BÉATRIX, qui donna sa main à JEAN DE CAPRIOL, seigneur de Cuque ou Cuq, avant 1488[2].

IX

JEAN-ANTOINE DE SOUBIRAN, vicomte de Paulin, seigneur d'Arifat, s'était marié, en 1475, à CATHERINE D'AZÉMAR, fille de noble Antoine, seigneur de Mousens, et de Gaillarde de Guzenzone. Cette union est constatée dans l'extrait ci-après du *Catalogue des chevaliers de Saint-Jean de Jérusalem, Langue de Provence :* « Jean de

---

1. Généalogie de Soubiran précitée.
2. *Idem.*

« Soubiran d'Arifat, du diocèse de Castres, présenté au
« prieuré de Toulouse, l'an 1554, était né du mariage
« d'Antoine de Soubiran, seigneur d'Arifat, avec
« Catherine de Capriol, fille de Jacques de Capriol,
« seigneur de Cuques, et d'Hélis de Fontaine-Vaufleur.
« Antoine avait pour père autre Antoine de Soubiran,
« mari de Catherine d'Azémar, dont les armes étaient
« *D'argent, à trois fasces d'or* [1]. »

Jean Antoine eut de Catherine d'Azémar :

1° ANTOINE DE SOUBIRAN, dit d'ARIFAT, grand commandeur et vicaire général du grand prieuré de Malte.
Il est qualifié vicomte de Paulin, comme son frère autre
Antoine, avec lequel il ne faut pas le confondre. Il est
question aussi d'Antoine l'aîné et de sa sœur Anne
dans le *Catalogue des chevaliers de Saint-Jean de Jérusalem;* voici les quelques lignes se rapportant à tous
deux : « Anne de Soubiran, dame d'Alzeau, sœur
« d'Antoine d'Arifat, grand commandeur et vicaire
« général du grand prieur de Malte et vicomte de
« Paulin, épousa Arnaud de Barillet, seigneur d'Antin,
« et en eut Catherine de Barillet, femme d'Antoine de
« Voisins, seigneur de Pesens, de Mossolens, etc.,
« mariés le 18 novembre 1552, et mère de Bernard de

---

1. *Catalogue des chevaliers de Saint-Jean de Jérusalem de la
vénérable Langue de Provence*, t. Ier, fol. 660 et 662, in-fol.; Bibl. de
l'Arsenal, Mss.

« Voisins, du diocèse de Carcassonne, présenté au
« prieuré de Toulouse, l'an 1565. »

2° BERNARD DE SOUBIRAN, dont la destinée n'est pas
suffisamment connue[1];

3° Autre ANTOINE DE SOUBIRAN, qui va continuer la
filiation, et que nous allons reprendre au degré ci-
après;

4° JEAN DE SOUBIRAN, auteur de la branche des seigneurs du Déhès, établie en Condomois;

5° ANNE DE SOUBIRAN est qualifiée, on l'a déjà vu,
« dame d'Alzeau, sœur d'Antoine Arifat, grand com-
« mandeur et vicaire général du grand prieur de
« Malte et vicomte de Paulin » dans le *Catalogue
manuscrit des chevaliers de Saint-Jean de Jérusalem*, qui
se trouve à la bibliothèque de l'Arsenal, Mss[2]. Le
même ouvrage nous révèle qu'Anne de Soubiran épousa
ARNAUD DE BARILLET, seigneur d'Antin, et qu'elle en eut
Catherine de Barillet, mariée, après dispense pontificale,
le 18 novembre 1532, à *Antoine de Voisins*, seigneur de
Pesens, de Cuxac et de Moussolens[3], diocèse de Car-

---

1. Généalogie de Soubiran précitée.

2. *Catalogue des chevaliers de Saint-Jean de Jérusalem de la vénérable Langue de Provence*, t. Ier, fol. 776. Bibl. de l'Arsenal, Mss.

3. *Cartulaire de Carcassonne*, par M. Mahul, t. Ier, fol. 179, 1re et
2° colonnes.—La terre d'Alzeau entra par cette alliance dans la maison de
Barillet et passa à la génération suivante dans celle de Voisins. Antoine de
Voisins, en effet, échangea avec Gabrielle, sa sœur, les droits qu'il avait à
Pezens pour ceux qu'elle tenait à Cuxac. Catherine Barillet, femme d'Antoine

cassonne, et mère de Bernard de Voisins[1] présenté au prieuré de Toulouse en 1565. Antoine de Voisins restitua, le 19 novembre 1560, les domaines qui lui avaient été vendus avec faculté de rachat, en 1530, par Antoine de Soubiran[2];

6° N. DE SOUBIRAN, femme de JEAN DE GUILLERMY [3];

7° JACQUETTE DE SOUBIRAN, laquelle fut unie à JEAN DE DAVID;

8° N. DE SOUBIRAN, épouse de GUILLAUME ROSEL[4].

X

ANTOINE DE SOUBIRAN, seigneur d'Arifat, est qualifié vicomte de Paulin de même que son frère, autre Antoine, vicaire général du grand prieur de Malte. Il fut tonsuré dans son enfance, l'an 1500,

de Voisins, lui donna : 1° Jean de Voisins, lequel épousa Jeanne de Saint-Jean, dame d'Honous, en juillet 1591; 2° Bernard de Voisins. (*Cart. de Caroassonne,* par Mahul, t. Ier, fol. 179, 1re et 2e colonnes.)

1. *Catalogue des chevaliers de Saint-Jean de Jérusalem de la vénérable Langue de Provence*, t. Ier, fol. 776. Bibl. de l'Arsenal, Mss.

2. Généalogie de Soubiran dressée sur actes originaux. Arch. de M. Denis de Thezan.

3. DE GUILLERMY : *D'azur, à une couleuvre d'or entre deux lions affrontés de même, et au chef d'azur chargé d'un croissant d'or acosté de deux étoiles de même.* (*Armorial général Toulouse-Montauban*, vol. XIV, p. 84. Bibl. de Richelieu, Cabinet des titres.)

4. Généalogie de Soubiran dressée sur actes originaux. Arch. de M. Denis de Thezan.

mais il s'en tint à ce signe préliminaire et sans conséquence et n'embrassa point la carrière ecclésiastique[1].
Antoine de Soubiran, qui dénombra en 1540, avait
épousé, le 28 mai 1516, CATHERINE DE CAPRIOL,
fille de Jacques, seigneur de Cuq, et d'Hélis de Fon-
taine de Vaufleur[2]. Catherine de Capriol[3] lui donna :

1° ADHÉMAR DE SOUBIRAN, qui va continuer la filiation;

2° FRANÇOIS, sacristain de la Grasse, qui assista aux
noces de son frère;

3° JEAN, chevalier de Malte, commandeur de Reis-
sac et grand prieur de Toulouse. Il avait été présenté
et reçu dans la milice de Saint-Jean de Jérusalem
l'an 1554[4]. Il portait d'argent à trois fasces d'or. Il
était grand commandeur en 1592, lors de la réception
de Louis de Ferbeaux, seigneur de Magnos, ce qui se
trouve établi par l'acte ci-après :

« L'an mille cinq cens nonante deus, et le saiziesme
« de janvier par congé et licence de illustrissime et
« reverendissime, monseigneur fraire Hugues de Lou-
« bens Verdalle, cardinal, digne et grand maistre de la

---

1. Généalogie dressée sur titres originaux, mst. in-4°, d'une écriture de
1775 environ. Arch. de M. Denis de Thezan.

2. *Catalogue des chevaliers de Saint-Jean de Jérusalem de la vénérable Langue de Provence*, t. Ier, fol. 661 et 662; Bibl. de l'Arsenal, Mss.

3. Même source que ci-dessus, fol. 661. — DE CAPRIOL: *De gueules, à la
chèvre rampante d'argent.*

4. *Catalogue des chevaliers de Saint-Jean de Jérusalem*, fol. 661.

« sacrée Religion de Saint-Jean de Jérusalem, s'est
« tenüe la vénérable Langue de Provence, prézident en
« icelle réverand monsieur le grand commandeur,
« fraire Jan de Soubayran, dit Auriffad, commandeur
« de la Tronquière, en laquelle s'est levé fraire Bernard
« de Mérignan, dit Trignan, lequel a prézenté noble
« Louis de Ferbau pour être resseu en rang de fraire
« chevalier, ce que étant entendu par touts les sei-
« gneurs, d'icelle l'ont resseu. F. F. DE VILLENEUVE. »
Extrait collationné de ladite Langue par moi, écrivain d'icelle.
F.-J.-J. Privat, signé[1].

XI

ADHÉMAR ou AIMAR DE SOUBIRAN, seigneur
d'Arifat, épousa, le 27 octobre 1560, DALPHINE
D'AURE, fille de noble Charles, sieur de la Motte[2], et
de Jaqueline des Guillots, d'une des maisons les plus
anciennes du Languedoc. Il passa un compromis le
3 juillet 1567 avec Jacques de Saint-Maurice[3]. Un
différend judiciaire survenu en 1705 entre Jean de La

1. Archives de M. le baron de Baulat au château de Saint-Laurent (Gers).
2. Fonds bleu, dossier de Soubiran, Cabinet des titres. Bibl. de Richelieu. — *Catalogue des chevaliers de Saint-Jean de Jésusalem de la
vénérable Langue de Provence*, t. Ier, fol. 660, in-fol. Bibl. de l'Arsenal,
Mss. — *Nobiliaire de Montauban et d'Auch*, t. IV, fol. 1427-1428.
3. Fonds bleu, dossier de Soubiran, Cabinet des titres, Bibl. de Richelieu.

Tour, sieur de Gouvernet, vicomte de Paulin, capitaine des carabiniers, et Jean de Soubiran, seigneur d'Arifat, nous apprend qu'Adhémar de Soubiran acquit, le 20 juin 1580, de Jacques Combes, habitant de Saint-Jean, le bois de Lansaral et le fief de Saint-Jean de Jeannes, sis dans la vicomté de Paulin. Jean de Soubiran fut condamné à payer le quint et le requint au demandeur Jean de La Tour.

Le testament d'Adhémar ou d'Azémar de Soubiran, du 20 novembre 1594, prouve à la fois sa grande fortune territoriale, sa piété et sa charité chrétiennes. Il donne aux pauvres de la juridiction d'Arifat une métairie dont ils seront usufruitiers, même durant sa vie. Le produit en blé de cette borde devra être converti en pain par les consuls et distribué ensuite sous cette forme. Adhémar ou Azémar de Soubiran légua la jouissance entière de ses seigneuries à son frère, le grand prieur de Toulouse, et à sa femme bien-aimée, Dalphine d'Aure, qui, depuis son mariage, s'appelait Mlle d'Arifat. Il veut que l'entretien de ses enfants soit prélevé sur les revenus patrimoniaux, que chacun d'eux ait un cheval et un valet et qu'il reçoive une légitime de 4,000 livres. Les fils désignés par lui comme ses légataires sont : Charles, Georges, sieur de Rieumoran, Jean, sieur de Garseval, Philippe, commandeur de Beugé, Pierre, sieur de la Douze, Jacques, sieur de la Cazelle; ses filles, traitées aussi avantageusement que leurs frères, sont énoncées dans l'ordre suivant : Marthe de Soubiran, Reyne ou Reynée de Soubiran (Mlle de Massals), Dalphine de Soubiran. Zabel ou Izabeau de Soubiran étant morte, le legs qui aurait dû lui revenir est partagé entre son fils et sa fille. Au cas où Charles de Soubiran, institué héritier universel, ne pourrait fournir à ses frères cadets leur part en espèces, le testateur prescrit de leur distribuer les domaines, les rentes et les censives qu'il possède dans les vicomtés de Paulin et d'Enviolète, le consulat de Puylaurens, etc. Les filles sont exclues de toutes reprises sur le grand fief d'Arifat et sur la paroisse de Sarclas, car ces biens ont toujours apanagé ses ancêtres. « Il y a eu, dit-il, douze chefs de ligne depuis mille « deux cent que la guerre du comte Raymond de Tou- « louse commença à faire fin[1]. » Dalphine d'Aure avait testé bien avant son mari le 15 mars 1583; leur progéniture fut très-nombreuse comme on va le voir :

1.° CHARLES DE SOUBIRAN;

2° PHILIPPE DE SOUBIRAN, chevalier de Malte[2], commandeur de Lugan en 1613;

---

1. *Testament d'Adhémar de Soubiran,* copie en papier de la fin du XVIIe siècle, trois feuillets in-4° dont trois pages en blanc. Archives de M. Denis de Thezan. (Voir, pour le texte du testament, aux *Pièces justificatives,* DOCUMENT XIII.)

2. Fonds bleu, dossier de Soubiran ou de Soubeyran. Bibl. de Richelieu, Mss. — Philippe fut présenté au prieuré de Toulouse en 1577.

3° Georges de Soubiran, sieur de Ricumajou ou Ricumoran;

4° Amblard de Soubiran, ainsi que son frère Philippe, fut voué à la défense de Malte, boulevard de la chrétienté[1]. Pris par les Turcs, il fut réduit en esclavage[2]. Ce fait est consigné dans une attestation de l'ordre du 2 juin 1609. Jean, oncle d'Amblard et commandeur de Raissac, servait en 1581, avec la permission du grand maître, à son neveu, une pension provenant des revenus de sa commanderie;

5° Pierre de Soubiran, sieur de la Douze, qui s'accorda avec son frère au sujet de sa légitime, le 2 février 1597, et mourut *ab intestat* avant 1603[3].

6° Jacques de Soubiran, sieur de la Cazelle ou Cazalle, épousa en premier lieu Anne de Glandevez-Cujes, qui le rendit père de *François,* seigneur du Travet, et en deuxièmes noces Anne de Castellane de Masaugue, née d'Henri de Castellane, seigneur de Masaugue, et de Jeanne de Glandevez de Cujes. De ce second lit provinrent : I. *Jean-Philippe de Soubiran d'Arifat,* chevalier de Malte, commandeur de la Chapelle, qui

---

1. *Catalogue des chevaliers de Saint-Jean de Jérusalem de la vénérable Langue de Provence,* t. Ier, fol. 660, in-fol. Bibl. de l'Arsenal, Mss.

2. *Pièces fugitives pour servir à l'histoire de France,* par le marquis d'Aubais, 1759; *Jugements sur la noblesse de Languedoc,* t. II, fol. 131.

3. *Testament d'Adhémar de Soubiran,* de l'an 1594; Archives de M. Denis de Thezan.

fut l'un des commissaires députés pour examiner les
preuves produites par André de Grille avant son noviciat
au grand prieuré de Saint-Gilles, le 2 septembre 1692;
— II. *Jeanne de Soubiran*, mariée le 12 septembre 1656[1]
avec *Blaise de Roquefeuil*, baron de Londres, seigneur
de Cornonsec, etc., cousin issu de germain de Catherine de Roquefeuil, femme d'Olivier de Thezan, seigneur
baron de Saze et de Saint-Maximin, sénéchal de la
viguerie d'Uzès[2];

7° JEAN DE SOUBIRAN, sieur de Garseval et de Lissac,
lequel engendra *François*, et forma la branche de Lissac
exposée ailleurs[3];

8° MARTHE DE SOUBIRAN, mariée à OLIVIER DE BRASSAC,
seigneur de Crusti. D'eux dériva *Dauphine de Brassac*,
femme de *Jean-Jacques de Villeneuve*, seigneur de
Maurins, et mère de Laurent de Villeneuve, admis dans
l'ordre de Malte en 1637[4];

9° RENÉE DE SOUBIRAN, qui épousa GUILLAUME DE
MALS ou DU MAS, seigneur de Massals[5];

---

1. Généalogie dressée sur titres originaux, mst. in-4° d'une écriture de
1775 environ. Archives de M. Denis de Thezan. — *Catalogue des chevaliers de Saint-Jean de Jérusalem de la vénérable Langue de Provence*,
t. II, fol. 335, in-fol. Bibl. de l'Arsenal, Mss.

2. MORÉRI, *Dict. historique*, art. *de Roquefeuil*.

3. *Nobiliaire de Montauban et d'Auch*, t. IV, fol. 1427. Bibl. de Richelieu, Mss.

4. *Catalogue des chevaliers de Saint-Jean de Jérusalem.*

5. *Testament d'Adhémar de Soubiran*, seigneur d'Arifat, du 20 novembre 1594; copie en papier du XVIII° siècle. Archives de M. de Thezan.

10° ISABEAU DE SOUBIRAN, conjointe à JACQUES DE CAPRIOL, coseigneur d'Arifat, auquel elle donna *Azémar de Capriol*, qui souscrivit une convention avec son oncle Charles de Soubiran, le 27 mai 1603, au sujet des droits de sa mère, dont une partie était encore dans les mains de Charles de Soubiran[1];

11° MAGDELEINE DE SOUBIRAN D'ARIFAT. Ses noces avec PIERRE DE GRUEL, seigneur de la Borel, furent célébrées le 10 juillet 1594. Un de leurs enfants, *Jean de Gruel-la-Borel*, fut reçu, en 1610, dans la milice de Saint-Jean de Jérusalem[2];

12° DALPHINE ou DAUPHINE DE SOUBIRAN contracta union, le 13 décembre 1595, avec ANTOINE DE PENNA, fils de Michel, seigneur de la Ferraudière. Son premier mari étant descendu prématurément dans la tombe, elle se remaria avec PIERRE DE CAPRIOL, seigneur de Pechassant, et donna la main de sa fille *Louise-Dalphine* (issue du premier lit) à autre Pierre de Capriol, sieur de Saint-Hilaire, fils de son deuxième époux. La double alliance des parents et des enfants fut solennisée en 1632. Louise-Dalphine de Penna étant morte sans laisser de progéniture, sa mère, Dalphine de Soubiran, légua ses biens à Alexandre de Soubiran, son neveu[3].

1. Généalogie dressée sur actes originaux, mst. in-4°. Arch. M. de Thezan.

2. *Catalogue des chevaliers de l'ordre de Saint-Jean de Jérusalem*, t. II, fol. 145. Bibl. de l'Arsenal, Mss.

3. Généalogie dressée sur titres originaux, écriture de 1775. Cahier mst. in-4°. Archives de M. Denis de Thezan.

XII

CHARLES *alias* JEAN-CHARLES DE SOUBIRAN, seigneur d'Arifat, épousa, le 14 décembre 1597, ISABEAU DE CAPRIOL, qui avait pour auteurs Alexandre de Capriol, seigneur de Losqualiou, en Albigeois, et Anne de Comminges, de l'illustre famille des comtes souverains de ce pays. Cette haute alliance est relatée dans le *Catalogue des chevaliers de Saint-Jean de Jérusalem*, qui indique en outre trois générations commençant à Aimar ou Adhémar de Soubiran. Je cite : « Antoine de Soubiran « d'Arifat, présenté l'an 1648, était fils de Charles de « Soubiran, seigneur d'Arifat, et d'Isabelle de Capriol, « née d'Alexandre de Capriol, seigneur de Losqualhiou « en Albigeois. Charles de Soubiran était fils d'Aimar de « Soubiran et de Dauphine d'Aure, fille de Charles « d'Aure, seigneur de la Motte, et d'*Agnès de Comminge,* « *née de Roger de Comminge de Sabiers.* Aimar de Soubiran, « seigneur d'Arifat, était fils d'Antoine de Soubiran et « de Catherine de Capriol de Cuq en Albigeois. Il « portait : *D'argent, à une bande de gueules, chargée d'un* « *croissant d'argent.* Il y a Jean-Philippe de Soubiran « d'Arifat, commandeur de la Chapelle, qui fut l'un « des commissaires pour les preuves d'André de Grille, « faites pour être chevalier au grand prieuré de Saint-

« Gilles, le 2 septembre 1692. » Charles de Soubiran[1], demandeur, obtint, de 1617 à 1618, de la sénéchaussée de Carcassonne, une sentence qui condamnait Jean de Terrols, lieutenant de juge de Villefranche, en Albigeois, au payement des lots, ventes, censives, acaptes et demi-acaptes dus par les biens acquis de Louis Soulier, sieur de la Valette[2]. De Charles de Soubiran et d'Isabeau de Capriol naquirent :

1.º ALEXANDRE DE SOUBIRAN ;

2° ANTOINE DE SOUBIRAN D'ARIFAT, chevalier de Malte, reçu l'an 1618[3] ;

3° PHILIPPE DE SOUBIRAN, sieur de Garseval ou Caussebal ; il était en litige, l'an 1664, avec Jean de Palamourgues, sieur de Gressanier, et Louis de Pech, sieur de Saint-Martin, au sujet de deux créances qui lui étaient dues par les sus-nommés et qui s'élevaient ensemble à 192 livres[4] ;

1. *Catalogue des chevaliers de Saint-Jean de Jérusalem de la vénerable Langue de Provence, Prieurés de Saint-Gilles et de Toulouse,* t. Ier, fol. 662, Mss. Bibl. de l'Arsenal.

2. *Inventaire sommaire des archives départementales antérieures à 1790,* rédigé par M. Mouynès Aude, archives civiles, série B, t. Ier, p. 22, 1re colonne.

3. Généalogie dressée sur titres originaux, écriture de 1775. Cahier mst. in-4°. Archives de M. Denis de Thezan.

4. *Inventaire sommaire des archives départementales antérieures à 1790,* rédigé par M. Mouynès. Aude, archives civiles, série B, t. Ier, p. 153, 1re colonne.

4° ANNE DE SOUBIRAN, mariée le 24 juillet 1627 à
JEAN DELPUECH, sieur de Cagnac[1].

XIII

ALEXANDRE DE SOUBIRAN, d'abord chevalier de
Malte[2], régla un différend judiciaire, l'an 1629, en son
nom et comme procureur fondé de sa mère. Il était de
nouveau en instance devant le sénéchal d'Albigeois, en
1646 et 1647, pour recouvrer une somme de 4,285 livres
qui lui était due par Antoine de Bruniquel, Benjamin Tire-
fort et Abel de Sue. Les auteurs de ces derniers avaient
acquis de messire Charles de Soubiran, le 14 juin 1578,
les tasques de Janes, de Montcouyoul et d'Arifat[3], et leurs

1. Généalogie dressée sur titres originaux, écriture de 1775. Cahier mst.
in-4°. Archives de M. Denis de Thezan.
    2. Vertot, t. VII, p. 85, donne les noms des dix chevaliers de Malte du
nom de Soubiran, de 1546 à 1700, savoir :

    Gaspard de Soubiran, reçu en 1546, qui portait : *D'argent, à une*
        bande de gueules, chargée d'un croissant d'argent;
    Jean de Soubiran Arifat, 1555;
    Amblard de Soubiran Arifat, 1577;
    Philippe de Soubiran Arifat, 1582;
    Antoine de Soubiran Arifat, 1618;
    André de Soubiran Arifat, 1619;
    Jean-Philippe de Soubiran Arifat, 1639;
    Jean-Philippe de Soubiran Arifat, 1644;
    Simon-Thomas de Soubiran, 1684;
    Alexandre de Soubiran Arifat...
    3. *Inventaire sommaire des archives départementales antérieures à
1790,* rédigé par M. Mouynès. Aude, série B, t. Ier, p. 23, 1re col.

héritiers n'avaient pas encore désintéressé les ayants-droit du vendeur. Alexandre de Soubiran s'était allié, le 22 novembre 1640, à CLAIRE DE FRANC, fille de Charles, seigneur de Cahusac et de Mongey, et de Suzanne de Genibrouze. Claire de Franc fit un codicille le 2 février 1681. Leurs enfants furent :

1° JEAN-CHARLES DE SOUBIRAN, sieur de Rieumoran, qui, le 20 avril 1686, épousa MARIE DE GARSEVAL DE PELLEGRI, fille de Jean-François, sieur de la Roque, et de Françoise de Bessuejouls de Roquelaure[1]. Ils n'eurent point de lignée. On voit par les ordonnances rendues sur procès civil, en 1697, que noble Jean-Charles de Soubiran, seigneur d'Arifat, en qualité de fils et de donataire contractuel de noble Alexandre de Soubiran et de dame Claire de Franc, réclamait l'ouverture, à son profit, de la substitution introduite, le 20 novembre 1694, pour les terres d'Arifat et de Serclas, par son bisaïeul noble Adhémar de Soubiran[2].

2° JEAN DE SOUBIRAN, seigneur de la Rivière, cornette des mousquetaires noirs, surnommé d'Arifat, est le grand officier de la couronne dont nous avons résumé l'existence héroïque dans les préliminaires de cette

1. Généalogie dressée sur titres originaux, cahier mst., écriture de 1778 environ. Arch. de M. Denis de Thezan.

2. *Inventaire sommaire des Archives départementales antérieures à 1790*, rédigé par M. Mouynès. Aude, arch. civiles, série B, t. 1er, p. 34, 1re colonne.

notice. Ses hauts faits sont également rapportés par
S. Lamoral Le Pippre de Nœufville en son *Abrégé chronologique et historique*[1] : « CHRONOLOGIE DES CORNETTES DE
« LA PREMIÈRE COMPAGNIE DES MOUSQUETAIRES. 1703. Jean
« Soubiran d'Arifax l'aîné entra fort jeune dans cette
« compagnie, se trouva presque à toutes les plus bril-
« lantes expéditions pendant la guerre de Hollande;
« fut successivement sous-brigadier, brigadier et maré-
« chal des logis; se distingua particulièrement en cette
« dernière qualité au siége de Mons, en 1691, à l'at-
« taque de la Cassotte du château de Namur, en 1692,
« eut en 1703 la deuxième cornette de la compagnie à
« la mort de M. des Aubières. Il mourut subitement à
« la fin de cette année.'

    « Henri *Soubiran d'Arifax* le cadet, dit de la Bessière,
« fut en 1704 gratifié de la cornette de son frère à sa
« mort : j'en ai parlé aux enseignes. »

    Le journal du marquis de Dangeau nous apprend
dans quelle circonstance le roi donna la cornette de la
première compagnie des mousquetaires à Jean de Soubiran :

    « Jeudi, 29 mars 1703, à Marly.

    « Le roi, après la messe, alla dans son parc faire
« la revue de ses deux compagnies de mousquetaires;
« il les vit fort en détail, et fit séparer le détachement

1. Tome II, p. 190-191.

« de ce corps qui marche en Flandre, cette année. Ils
« avoient ordre de partir de Paris le 2, qui sera lundi,
« et le roi a retardé leur départ jusqu'à jeudi. Il mar-
« chera cent quarante mousquetaires de chaque com-
« pagnie. Un des cornettes de la première compagnie,
« nommé des Aubières, étant si incommodé qu'il ne
« peut plus marcher, le roi lui donne 4,000 francs de
« pension, et après sa mort 500 écus à sa veuve et
« 100 écus à chacun des enfants qu'il a. S. M. donne la
« cornette à d'*Arifax*, ancien maréchal des logis de la
« compagnie. » (*Journal du marquis de Dangeau, publié
par MM. Soulié, Dussieux, etc., t. IX, p. 156.*)

Pendant le siége de Mons, une partie du corps des
mousquetaires reçut la veille du premier avril 1691,
de Louis XIV en personne, la périlleuse mission de
reprendre les ouvrages de corne, abandonnés par les
gardes françaises. Le détachement chargé de réoccu-
per les tranchées fut placé sous la conduite de
M. d'Arifat (Jean de Soubiran), maréchal des logis de
la première compagnie. Jean de Soubiran, admirable-
ment secondé par M. d'Artagnan et le marquis de
Rigauville, enleva, avec un héroïque entrain, les postes
avancés tombés aux mains de l'ennemi. Laissons la
parole à la chronique :

« Le 1ᵉʳ avril (1691) fut encore une époque très-
« glorieuse pour cet illustre corps (mousquetaires), en
« réparant le malheur arrivé aux gardes françaises, qui,

« pour s'être trop précipitées, n'avoient pu conserver
« l'ouvrage à corne; le roi, qui avoit jetté les yeux sur
« les mousquetaires pour cette expédition, dit avec
« quelque chagrin, qu'il y envoieroit des troupes qui
« ne reculeroient pas. En éfet, après avoir parlé à
« M. de Vauban, il fit une disposition afin d'attaquer
« le lendemain l'ouvrage à corne; envoia ensuite cher-
« cher Mrs. de Maupertuis et de Jauvelle, leur ordonna
« de se mettre à la tête de 75 mousquetaires par com-
« pagnie, pour soutenir les grenadiers destinés pour
« cette attaque. Les mousquetaires reçurent leur ordre
« dès le soir; le lendemain 2 avril à 6 heures du matin,
« les 12 de chaque détachement destinés pour être
« enfans perdus, furent commandés par M. d'Arifat,
« maréchal des logis de la première compagnie; entre
« ces 24 il y en avoit 8 qui portoient des pertuisanes;
« M. d'Artagnan, sous-lieutenant des mousquetaires
« blancs, marchoit ensuite à la tête de 40 tant blancs
« que noirs. M. de Maupertuis commandant les blancs,
« accompagné du marquis de Rigauville, cornette des
« noirs, suivoient avec le reste du détachement. C'est
« dans cet ordre qu'ils arrivèrent à la tranchée. J'ai
« déjà dit que les mousquetaires n'étoient là que pour
« soutenir les grenadiers, qui devoient attaquer l'ou-
« vrage à corne, et qu'ils emportèrent avec valeur. L'on
« étoit dans une grande atention pour veiller aux
« ennemis, au cas qu'il leur prît envie de venir comme

« ils avoient fait le jour précédent, lorsqu'un mal-
« entendu causa une perte très-considérable aux mous-
« quetaires, dont le premier détachement, commandé
« par M. d'Arifat, atendoit des ordres à l'entrée du
« pont des fascines, pendant que celui de M. d'Arta-
« gnan et le reste, commandé par M. de Rigauville,
« étoit le long du boiau[1]. »

Le journal du marquis de Dangeau nous apprend
que Jean de Soubiran fut foudroyé par la mort le
20 octobre 1704, pendant que la cour résidait à Fon-
tainebleau. La charge de cornette passa à Henri de
Soubiran d'Arifat, frère du précédent, par préférence et
ordre du roi. « Le roi courut le cerf l'après-dînée;
« madame la duchesse de Bourgogne étoit dans sa
« calèche; Monseigneur et messeigneurs ses enfants
« étoient à la chasse. Le maréchal de Villeroy repartit
« d'ici pour aller en Flandre. D'*Arifax,* cornette des
« mousquetaires noirs, s'étoit cassé la jambe il y a
« quinze jours, et il en étoit bien guéri; on l'a trouvé
« mort ce matin dans son lit. Le roi a donné sa charge
« à son frère, qui étoit premier maréchal des logis de
« cette compagnie[2]. »

3° HENRI DE SOUBIRAN, marquis d'Arifat, l'un des

---

1. *Abrégé chronologique et historique,* par M. Simon Lamoral Le Pippre
de Nœufville, t. II, p. 276.

2. *Journal du marquis de Dangeau,* publié par MM. Soulié, etc., t. X,
p. 157.

grands officiers de la couronne sur la fin du règne de Louis XIV, dont nous allons, au degré ci-après, raconter la vie glorieuse, déjà esquissée au début de cette notice.

4° FRANÇOISE DE SOUBIRAN, mariée à CHARLES DE SALLES, seigneur de Fontinues ; elle fut instituée usufruitière des biens de son époux le 15 janvier 1663. Françoise fut mère de *André de Salles* et testa le 3 octobre 1693[1].

5° SUZANNE, mariée à BARTHÉLEMY DE LAURENS, seigneur du Castelet et Puginier. Il est question de Suzanne de Soubiran dans diverses sentences prononcées à la suite de litiges de famille en 1695 et 1696. Elle et sa sœur Anne, agissant en leurs noms et en qualité d'héritières de Françoise, réclamaient la saisie et le banniment des terres de messire Jean-Charles de Soubiran, leur frère aîné, qui refusait d'acquitter leurs droits légitimaires, fixés à 15,000 livres par jugement arbitral du 12 avril 1688[2].

6° ANNE DE SOUBIRAN, alliée à CHARLES DE BERNÈS ou VERNÈS, fils de Charles, seigneur de Laglantaric, et de Marie de Rames.

7° Autre ANNE, femme de JACQUES FERRAND, seigneur de Puginier.

---

1. *Nobiliaire de Montauban et d'Auch,* t. IV, fol. 1380-1387 ; Cabinet des titres, Bibl. de Richelieu.

2. *Inventaire sommaire des archives départementales antérieures à 1790,* rédigé par M. Mouynès. Audo, arch. civiles, série B., t. Ier, p. 186, 1re colonne.

8° Marthe, cloîtrée aux Saintes-Maries de Toulouse.

9° Isabeau, religieuse à la Salvetat[1].

XIV

HENRI DE SOUBIRAN, seigneur de la Bessière ou de Bessière, marquis d'Arifat, cornette aux mousquetaires noirs et maréchal de camp, est qualifié marquis d'Arifat dans l'article nécrologique que lui consacra *la Gazette de France* (année 1721, page 232). Nous croyons devoir reproduire ici ces quelques lignes : « De Paris, « 3 mai 1721. — Mʳᵉ. Henry de Soubiran, marquis « d'Arifat, mareschal des camps et armées du roy, « cy-devant enseigne de la première compagnie des « mousquetaires, mourut le 18 du mois dernier, dans « la soixante-neuvième année de son âge. » Henri de Soubiran fut une des illustrations militaires du règne de Louis XIV, comme on le verra par la biographie ci-après, plus détaillée que le résumé ci-dessus.

« D'Arifax (Henry de Soubeyran de la Bessière), « mort au mois de mars 1721.

« Entra dans la première compagnie des mousque- « taires le 5 janvier 1674, combattit à Seneff au mois « d'août, servit au siége de Dinant, de Huy et de Lim-

---

1. Généalogie dressée sur actes originaux, écriture de 1775 environ. Cahier in-4°, mst. Archives de M. Denis de Thezan.

« bourg en 1675, au siége de Condé en 1676, aux siéges
« de Valenciennes, où il étoit à l'assaut, de Huy, de
« Cambrai, et à la bataille de Cassel en 1677, aux siéges
« de Gand et d'Ypres en 1678. Il devint sous-brigadier
« le 18 août 1679, brigadier en 1680 et maréchal des
« logis le 22 février 1683. Il servit la même année au
« siége de Courtray, et l'année suivante à l'armée de
« Flandre qui couvrit le siége de Luxembourg. Il étoit
« à l'armée d'Allemagne en 1690, au siége de Mons et
« au combat de Leuse en 1691, au siége de Namur et
« à la bataille de Steinkerque en 1692; combattit avec
« la plus grande distinction, et fut blessé à la bataille
« de Néerwinde en 1693. Il étoit de la marche de
« Vignamont au pont d'Espierre en 1694, au bombar-
« dement de Bruxelles en 1695, en Flandre en 1696,
« au siége d'Ath en 1697, au camp de Compiègne
« en 1698.

« En 1700 il accompagna le roi d'Espagne sur la
« frontière de ses États. Se trouva au combat de
« Nimègue en 1702, à l'armée de Flandre en 1703
« et 1704.

« Il fut fait deuxième cornette de sa compagnie, par
« brevet du 2 novembre 1704, obtint le 3 décembre
« une commission pour tenir rang de mestre de camp
« de cavalerie. Reçut deux coups de fer et un coup de
« feu à la bataille de Ramillies, au mois de mai 1706;
« devint premier cornette le 13 novembre suivant;

« reçut encore plusieurs blessures à la bataille de
« Malplaquet en 1709.

« Brigadier par brevet du 29 mars 1710, premier
« enseigne de sa compagnie le 16 avril suivant, il servit
« en Flandre en 1710 et 1712.

« Maréchal de camp par brevet du 1er février 1719.
« Il se démit de son enseigne au mois d'avril suivant,
« et quitta le service. » (*Chronologie historique militaire,
par M. Pinard, t. VII, p. 70-71.*)

Le *Mercure galant* constate aussi que M. d'Arifat
(Henri de Soubiran) reçut une blessure glorieuse à la
bataille de Nerwinde et qu'il fut attaché à la personne
du duc d'Anjou se rendant en Espagne, pour aller
prendre possession de son royaume d'outre-monts,
sous le nom de Philippe V.

« M. Darifat, chevalier de Saint-Louis, enseigne des
« mousquetaires gris. Il fut blessé à la bataille de Ner-
« winde, où une partie de la maison du roy se trouva,
« et il y donna de grandes marques de sa valeur, ainsi
« que toutes les relations de cette bataille le font con-
« noître. Il fut du détachement qui accompagna le roy
« d'Espagne jusqu'à la frontière d'Espagne, et lors-
« qu'il prit congé de ce prince, S. M. C. luy témoigna
« beaucoup de satisfaction de ses services, et eut pour
« lui des distinctions particulières[1]. »

1. *Mercure galant,* avril 1710, p. 306-307.

Nous empruntons au journal du marquis de Dangeau[1] quelques détails intéressants sur les libéralités dont Henri de Soubiran[2] fut l'objet de la part de Sa Majesté lorsqu'il résigna sa charge d'enseigne.

« *Arifax*, enseigne des mousquetaires gris, et qui est
« fort vieux, se retire ; on lui donne 1,000 écus de pen-
« sion dont il y en a la moitié sur la tête de sa femme.
« L'ancien cornette de la compagnie monte à l'en-
« seigne, et on vend la cornette 25,000 écus, qu'on

1. Le même journal parle encore d'Arifat à propos d'un mouvement de grades dans le commandement des mousquetaires :

« Mercredi, 2 juin 1717. — Il est arrivé un autre changement dans la compagnie des mousquetaires ; la Roque, qui étoit enseigne et qui sert depuis environ trente ans dans cette compagnie, quitte ; de Cruzel, qui étoit premier cornette, devient second enseigne ; Chazeron devient premier cornette, et la seconde cornette est donnée à Troisville, fils du marquis de Moncins ; il payera 20,000 écus à la Roque ; on croit que d'*Arifat*, qui est le premier enseigne, quittera comme la Roque. » (*Journal du marquis de Dangeau*, publié par MM. Soulié, etc., t. XVII, p. 100.)

2. On trouve trace d'un Henri de Soubiran qui paraît distinct du grand personnage qui précède, car il faudrait admettre, pour confondre Henri de Soubiran, marquis d'Arifat et maréchal de camp, avec Henri de Soubiran, seigneur de Montmaur en 1650, que le premier avait vécu près de cent ans, ce qui n'est point vraisemblable. Nous laisserons donc à l'état de déclassé Henri de Soubiran, signalé par Lainé dans l'extrait que voici :

« Gratiane de Faure, mariée par contrat du 11 octobre 1649, passé par Senarenc, notaire à Fossat, à noble Jean de Saguens, seigneur de Mainard, étant assistée de noble Jacques de Faure, son frère, et en présence de nobles Jean de Roquettes, seigneur de Roques, et *Henri de Soubiran*, seigneur de Montmaur. Gratiane obtint des lettres royaux du 20 juillet 1650, pour reviser ses droits aux successions de ses père et mère. » (*Archives généalogiques et historiques de la noblesse de France*, par M. Lainé, t. II, art. de Faure, p. 9.)

« donne à *Arifax*; c'est M. de Jumilhac qui l'achète[1]. »

Henri de Soubiran, dit le marquis d'Arifat, épousa, le 15 novembre 1707, BRUNETTE DE PINETON DE CHAMBRUN, fille de Charles, seigneur de Lamperic, et de Suzanne de Combes. De cette union vint le suivant :

XV

ALBERT DE SOUBIRAN, qualifié, comme son père, marquis d'Arifat, vint au monde en 1715. Il était déjà mousquetaire en 1729 et lieutenant au régiment de Béarn, infanterie, en 1733. Il échangea, le 26 août 1743, la compagnie qu'il commandait pour une enseigne à pic au régiment des gardes françaises, dans lequel il fut promu deux ans après (19 février 1745) au grade de sous-aide-major. On le trouve lieutenant le 11 février 1747, et ayant rang de colonel le 7 mars 1758. Le roi enfin, par brevet du 25 juillet 1762, le créa brigadier de ses armées[2].

D'après Laîné, qui se prononce d'une façon un peu trop arbitraire, Albert de Soubiran, marquis d'Arifat, était le seul représentant de la maison d'Arifat en 1763. Il eût été plus exact de dire que le fils unique d'Henri

---

1. *Journal du marquis de Dangeau,* publié par Soulié, etc., t. XVIII, p. 39.

2. DE ROUSSEL, *Essais historiques sur les régiments d'infanterie, cavalerie et dragons,* etc., t. II, p. 82, in-12.

de Soubiran était le dernier rejeton mâle en ligne directe de la branche vicomtale et marquisale d'Arifat ; car les ramifications collatérales de Brassac, du Déhès, du Falga, de Lissac, de Satur s'étaient perpétuées parallèlement à l'aînée et lui survécurent. Laîné s'est exprimé ainsi en résumant un compromis passé entre messire Albert de Soubiran, marquis d'Arifat, et Jeanne de Montesquiou, femme de Louis-François-Alexandre de Richard, baron de Gaix, capitaine au régiment du Maine et commissaire des guerres. « Le « 15 septembre 1763, dit Laîné, devant Robineau et « Hugues de Ceirville, notaires au Châtelet de Paris, « Marie-Jeanne de Montesquiou, baronne de Gaix, « fondée de procuration de son mari, transigea avec « messire Albert de Soubiran, chevalier, marquis « d'Arifat, brigadier des armées du roi et premier « aide-major du régiment des gardes françaises, seul « représentant de la maison d'Arifat, au sujet d'une « prétendue substitution de la terre de Serviès au « profit de cette maison, terre que possédait la baronne « de Gaix, comme héritière de noble Pierre de Cas- « telnau, son aïeul. Par cette transaction, le marquis « d'Arifat se désista de ses prétentions à cette substi- « tution, et la possession de Serviès fut confirmée à « Marie-Jeanne de Montesquiou du Faget[1]. »

1. *Archives généalogiques et historiques de la noblesse de France,* par M. Laîné, t. II, art. *de Richard,* p. 8.

Albert de Soubiran mourut *ab intestat* à Versailles
le 17 décembre 1763. En lui s'éteignit la descendance
directe de la branche d'Arifat et son patrimoine fut
réparti entre les Laurens et les Ferrand, ses cousins
germains.

Les titres de vicomte et de marquis, qui constituaient une propriété, appartenant à la famille et non
à la succession, auraient dû être continués par les
rameaux les plus rapprochés en ligne masculine. Or,
chose singulière, les représentants mâles du nom de
Soubiran en ligne collatérale, tels que les feudataires
du Déhès, de Brassac et de Lissac, ne songèrent à
relever ni le rang de vicomte ni celui de marquis qui
leur étaient conférés par la législation en vigueur.
Avant 1789, lorsque la masculinité finissait dans
une branche aînée, ses droits honorifiques étaient
recueillis par la cadette, qui venait après dans
l'ordre graduel. Ces maximes furent consacrées par
arrêt du 31 juillet 1759; sur les conclusions du
président Séguier, la cour ordonna que les titres
de noblesse laissés par le dernier membre des
Titon-Villegenou, branche aînée, fussent remis par
sa fille et héritière à un mâle d'un rameau puîné[1].
Ce jugement ne fit que confirmer cette vieille doctrine de droit féodal : *primo defuncto et excluso,*

---

1. Coll. de décisions, par Denisart, art. *Noblesse,* p. 368.

secundus sequens dicitur primus, et tertius sequens di-
citur secundus, et sic de singulis[1].

1. Dans son *Estat et comportement des armes*, in-folio, 1597, Jean Scohier dit : « Ce doit être entendu non-seulement entre frères, mais suivant la coustume générale de l'office des armes de tout temps observée entre roys, héraux et poursuivans d'armes, est entendu qu'estant la branche du premier, qui est aisnée, morte et évacuée, le second suivant, c'est-à-dire la branche du second fils, que disons : *linea secunda genitorum*, rentre au droict de primogenitorum, et ainsi des autres branches et arrière-branches. »

BRANCHE

DES

SEIGNEURS DU DÉHÈS

ET DE CAMPAIGNO EN CONDOMOIS.

X

JEAN DE SOUBIRAN, écuyer, seigneur de Courtade et du Déhès, fils cadet de Jean-Antoine de Soubiran, vicomte de Paulin, seigneur d'Arifat, et de Catherine (*alias* Barthelemie) d'Azémar, était également frère d'autre Antoine, chef de la branche d'Arifat et marié le 28 mai 1516 à Catherine de Capriol. Jean de Soubiran vint s'implanter et faire souche, vers 1510 ou 1515, dans le Condomois, près des Narbonne, ses cousins, devenus vicomtes de Lomagne et de Couzerans, ainsi que seigneurs de Fimarcon, en s'alliant à l'héritière de ces grands domaines titrés. Une note des archives du château de Malliac donne pour femme à Jean de Soubiran N. DE PUJOLÉ, fille de Louis de Pujolé, seigneur de Fieux et de Vopillon, et de Marguerite de Montesquiou. C'est de ces Pujolé que sont sortis les vicomtes de Juliac. Jean et François de Soubiran, son hoir, firent

un échange, le 13 mars 1547, avec Jean de Castets, habitant de Gazaupouy[1]. L'acte commence ainsi :
« Personnellement establis en droict nobles Jehan de
« Soubiran[2] et noble François de Soubiran, père et
« fils. »

Les enfants de Jean de Soubiran furent :

1° FRANÇOIS DE SOUBIRAN, déjà signalé;

2° SANSON DE SOUBIRAN, marié à SUZANNE D'AUBÈZE
(et non d'Arbisse); il transigea avec son frère le 11 février 1593.

1. Archives du château de Malliac. Mss. de M. Benjamin de Moncade;
— Arch. du château de Campaigno (Gers).

2. Ce n'était pas la première fois que les de Soubiran s'étaient établis dans ce pays par suite des mariages continuels des familles de Gascogne avec celles de Languedoc et réciproquement, ou bien encore par suite des hasards de la guerre. En l'année 1377, on trouve un PIERRE DE SOUBIRAN implanté en Gaure ou en Fezensac; voici à quelle occasion son nom se produit. Les Anglais, ayant forcé les portes de Valence sur Baïse, lui imposèrent l'alternative d'un sac ou d'un tribut de guerre. Les consuls, dans le but de prévenir la destruction et le pillage de leur ville, consentirent à bailler certaine somme qui ne put être payée sur l'heure. Géraud de Verduzan et quelques autres furent livrés en otages jusqu'à parfait acquittement. Les personnes données en garantie furent conduites et enfermées an château de Lourdes. Mû par le désir de hâter la délivrance des captifs, Arnaud-Guilhem de Monlezun, seigneur de Meilhan, Manaud de Lasseran, seigneur de Massencome, cautionnèrent collectivement la rançon promise. Les consuls, de leur côté, s'engagèrent envers les répondants à un remboursement ultérieur; ils convoquèrent à cet effet les principaux habitants et sollicitèrent d'eux le pouvoir de lever la contribution nécessaire, c'est-à-dire 1,200 florins d'or. Dans la série des consuls et des hommes marquants de Valence, participant à la réunion, on distingue : Jean de Bordes, Pierre de Barbotan, Bernard de Savaillan, Sans de Soliers, Vital de Cantiran, Géraud de Lagardère, Arnaud de Biran, Pierre du Mas, Pierre de Soubiran,

XI

FRANÇOIS DE SOUBIRAN, écuyer, seigneur de
Courtade, du Grézau et du Deffès ou Dehès, concourut
avec son père à l'acte du 13 mars 1547 indiqué plus
haut. Il reçut quittance, le 9 août 1590, de Baradot,
écuyer, demeurant à Lialores, après avoir effectué le
payement final de la terre du Déhès. Jean de Bezolles,
sieur de Saint-Berthomieu, reconnut, à la date du
1er août 1592, avoir touché 218 écus et 1/2 sol de
noble François de Soubiran, seigneur de Déhès, qui
effectua une vente, de concert avec son frère Samson,
le 11 février 1593, en faveur de Tobie de Brassac, conseiller et secrétaire du roi[1]. Françoise de Fitte ratifia,
le 2 août 1593, une cession territoriale précédemment

Vital de Grammont, Pierre des Barrats, Vital de Barbazan, Bernard de
Pontoils, Pierre de Graziac[1], etc. (*Coll. Doat, vol. CC, fol. 62-64; Bibl.
de Richelieu, Cabinet des titres.*)

1. Preuves de noblesse faites au Cabinet des ordres du roy, au mois de
février 1783, par Jean-François de Soubiran de Campaigno, chevalier,
pour être admis à une place de sous-lieutenant dans les troupes de Sa
Majesté. (*Arch. de M. Victor de Bully, à Paris.*) — Cette production de
preuves, que nous invoquerons souvent dans la suite de cette branche, est
accompagnée des lignes suivantes qui l'authentiquent : « Délivré sur la
minute originale conservée au Cabinet des ordres du roy, par nous écuyer,
conseiller de Sa Majesté en sa cour des aydes, généalogiste de ses ordres et,
en cette dernière qualité, garde des titres, manuscrits et livres imprimés de
ce dépôt à Paris, ce quatre janvier mil sept cent quatre-vingt-dix. CHÉRIN.»
Sceau de ses armes.

faite à noble François de Soubiran, seigneur de Déhès.
On trouve également trace de ce dernier dans une
permutation de domaines, qu'il opéra avec un habitant
de Terraube, du nom de Cazeneuve, et dans une sentence, rendue le 19 décembre 1640 à propos d'un
démêlé existant entre ledit François de Soubiran et
Bernard Rey. Son alliance avec demoiselle GABRIELLE
DE LART DE GALARD est rapportée dans un contrat du
20 octobre 1597 et prouvée par un autre du 20 février 1599. Il résulte de ces documents que François
de Soubiran s'était allié à Gabrielle de Lart de Galard et
qu'il lui devait 1,533 écus, sans doute pour cause de
constitution dotale[1]. Gabrielle de Lart de Galard, veuve
de Charles de Bazon[2], gentilhomme de la maison du
roi de Navarre, écuyer de sa grande écurie, duquel
sont issus les barons de Baulens, était fille d'Antoine de Lart de Galard, écuyer, seigneur de Birac,

1. Preuves de noblesse faites au Cabinet des ordres du roy, au mois de
février 1783, par Jean-François de Soubiran. Même source que ci-dessus. —
Actes des archives du château de Campaigno (Gers).

2. De cette union vinrent : — 1° Charles de Bazon, baron de Baulens, qui
passa, le 11 mars 1604, devant Pouzergue et Decome, notaires de la Plume,
ses pactes matrimoniaux avec Honorée de Bezolles, fille de noble Jean de
Bezolles et de Suzanne de Patras; — 2° Jeanne de Bazon; — 3° Catherine de
Bazon. Les deux sœurs et leur frère s'accordèrent le 13 novembre 1608,
touchant l'héritage de leur père Charles. La transaction fut retenue par
Cailhavet, tabellion de Gazaupouy. La terre de Baulens, dépendante de celle
d'Aubiac, avait été vendue par Antoine de Lart de Galard à son gendre
Charles de Bazon.

d'Aubiac, etc., et de Renée de Bourzolles, dite de Castin, lesquels s'étaient mariés le 14 juin 1534. Gabrielle était également sœur de Jean de Lart de Galard, surnommé *Aubiac*, qui s'attira de son temps une trop grande célébrité par ses galanteries avec Marguerite de Valois, femme d'Henri IV. Il fut puni de ses aventures par Henri III, qui le fit assassiner, ainsi que Lasmoles et Bussy. François de Soubiran [1]

1. François de Soubiran était aussi beau-frère de Joseph de Lart de Galard, chevalier de l'ordre du Roi, seigneur d'Aubiac et de Birac, qui s'allia en 1599 avec Marie de Noailles, fille de N. de Noailles et de Jeanne de Gontaut. Marie de Noailles avait pour frère messire Henri de Noailles, comte de Lairen, baron de Carbonnières, Chambres, Bonaguet, Malemort, et seigneur d'autres places, chevalier des ordres du Roi, capitaine de cinquante hommes d'armes et conseiller en son état privé. Elle était, en outre, sœur d'illustrissime et révérendissime Gilles de Noailles, abbé de Lisle et de Saint-Amand, prieur de la Réole, évêque de Dax. Joseph de Lart de Galard est inscrit au rôle des nobles de la sénéchaussée d'Armagnac dans la seconde moitié du XVIe siècle, pour un archer, à raison de sa terre d'Aubiac. Marie de Noailles le précéda dans la tombe, lui laissant une fille, Henrie-Rénée de Lart de Galard, qui épousa, le 5 juin 1596, Agésilas de Narbonne, issu de noble et puissant monseigneur Bernard de Narbonne, seigneur de Fimarcon, baron de Taleyrand, et de demoiselle Françoise de Bruyère, fille du baron de Chalabre, à laquelle il s'était conjoint en secondes noces après la mort de Cécile de Mauléon, sa première femme. Au contrat, du côté de l'époux, on remarque son frère, messire Jean-François de Narbonne, baron de Talleyrand et de Clermont-Dessous, Hérard de Grossolles, seigneur de Flamarens, Montastruc, capitaine de cinquante hommes d'armes, Jean de Birac, sieur de Cadreils, chevalier des ordres du Roi, Blaise de Béarn, seigneur de Réaup. La fiancée était assistée de Anne de Bourzolles, son aïeule, de Henri de Noailles, comte de Lairen, son oncle et procureur fondé de dame Jeanne de Gontaut, dame douairière de Noailles, de Gilles de Noailles, abbé de Lisle, évêque de Dax, de Bertrand de Toulouse, seigneur de Baulens.

n'était plus le 25 avril 1608, car à cette époque
Gabrielle de Lart, représentée par Jean-Marie de Soubiran, son fils, retira quittance de la légitime qu'elle
avait constituée à Charlotte de Soubiran, sa fille.
Gabrielle de Lart de Galard fit, le 25 janvier 1609, son
testament; elle y marque ses deux mariages, l'un avec
Charles de Bazon et l'autre avec François de Soubiran,
duquel étaient issus Jean-Marie et Charlotte de Soubiran. Cette dernière fut dotée, lors de son union avec
Jean de la Roque, de certains biens compris dans la
juridiction de Terraube. Jean-Marie de Soubiran fut
nommé héritier universel par sa mère[1] que l'on
retrouve le 3 juillet 1611 aux noces dudit Jean-Marie
de Soubiran avec Béatrix de Bernard. On sait déjà que
Gabrielle de Lart de Galard eut, de son deuxième lit
avec François de Soubiran, un fils et une fille, savoir :

1° JEAN-MARIE DE SOUBIRAN;

2° CHARLOTTE DE SOUBIRAN, mariée à JEAN DE LARTIGUE,
sieur de la Roque, conseiller du roi au siége présidial
de Condom[2].

---

1. Il appert d'un procès-verbal portant la date du 30 décembre 1604,
tout aussi bien que du testament de Gabrielle de Lart de Galard et de plusieurs autres documents domestiques, que Jean-Marie de Soubiran était fils
héritier de noble François, seigneur du Déhès. Le verbal en question fut
dressé par Arnaud de Caillavet, notaire royal et commissaire du sénéchal de
Gascogne au siége de Condom.

2. Actes des archives du château de Campaigno (Gers).

XII

JEAN-MARIE DE SOUBIRAN, écuyer, seigneur du
Déhès, fit diverses acquisitions terriennes le 23 mars 1611
et acheta, le 30 octobre 1612, la quatrième partie du
Déhès, dont il ne possédait que les trois quarts. Cette
vente fut faite par le sieur Masson Langlos, au prix de
1,600 écus ; sa sœur, Charlotte de Soubiran, lui souscrivit une quittance, pour le droit d'augment, le 9 décembre
même année que ci-dessus. Jean-Marie de Soubiran
dénombra toutes les terres nobles qu'il tenait dans la
paroisse de Gazaupouy, l'an 1614, conclut quelques
échanges avec Jeannoton Télésy et Jeanne de Caumont,
le 2 février 1615, et triompha, le 26 février 1617, dans
un débat judiciaire engagé contre François Masson, sieur
de Laurouet, et Françoise de Montagut. Il transporta en
outre, en 1625, à Marie de Galard, veuve de Bernard
du Bouzet, une métairie appelée Corne. On voit par
l'extrait ci-après que ses noces avec BÉATRIX DE BER-
NARD furent célébrées en la paroisse de Saint-Hilaire
de la Plume, le 3 juillet 1611. « Au nom de Dieu soit, à
« tous présans et advenir, notoire que ce jourd'hui
« 3 du mois de juilhet, après midy, mil six cent onze,
« régnant très chrestien prince Louys par la grâce de
« Dieu, roi de France et de Navarre, dans la maison de
« Saubamia, paroisse de Saint-Hilaire de la ville de la

« Plume, au viscomté de Brullois, diocèse de Condom,
« seneschaucée d'Armagnac, pardevant moi notaire
« royal, soubsigné, présans les témoins bas nommés,
« les pactes de mariage d'entre noble Jean-Marie de
« Soubiran, escuyer seigneur du Deffès, en Ficumarcon,
« et damoiselle Béatrix de Bernard, fille à feu Jean, ont
« esté passés et accordés en la forme que ci-après sera
« dict. Ledit sieur du Deffès assisté de M. Jean de Lar-
« tigue de La Roque, conseiller du roy, en la cour de
« monseigneur le seneschal d'Airmaignac, son beau-
« frère, et procureur spécial de noble Gabrielle de Lart
« de Gollard, sa mère, a promis et, par ces présentes,
« promet prendre à femme et légitime espouze la dite
« damoizelle Béatrix de Bernard et solenniser le
« mariage en face de sainte mère l'Esglise catholique
« et romaine : et pareillement la dite damoizelle de
« Bernard a promis, par ces présentes, le prendre pour
« mary et loyal espous, sur l'advis de Pierre de Ber-
« nard, sieur du dit Saubamia, Asturme de Bernard,
« ses frères, et de l'autorité d'Abraham de Bernard,
« sieur du Brana, curateur et autres ses parents[1]. »
Le 3 août 1619, Béatrix de Bernard, femme de Jean-
Marie de Soubiran, écuyer, seigneur du Déhès, donna

---

1. Preuves de noblesse faites au Cabinet des ordres du roy, au mois de
février 1783, par Jean-François de Soubiran de Camphigno, chevalier, pour
être admis à une place de sous-lieutenant dans les troupes de Sa Majesté.
(*Archives de Victor de Bully, à Paris.*)

pouvoir devant Caillavet, tabellion de la juridiction de Gazaupouy, de poursuivre une instance pendante devant le parlement de Bordeaux[1]. Jean-Marie de Soubiran décéda avant le 8 juillet 1634; Pierre, son fils, fit acte de commémoration envers lui, dans un hommage rendu à cette date. Jean-Marie est en outre rappelé dans une reconnaissance dotale de sa fille Isabeau, le 18 avril 1642, et le 24 novembre suivant dans le contrat de mariage de Pierre, son fils. Voici sa postérité :

1° PIERRE DE SOUBIRAN, continuateur de sa race;

2° ISABEAU DE SOUBIRAN, mariée le 26 janvier 1642 à GÉRAUD D'ARQUÉ, sieur d'Escudé;

3° GABRIELLE DE SOUBIRAN, qui épousa, le 14 octobre 1645, ARNAUD DUFAUR, sieur du Berger[2].

XIII

PIERRE DE SOUBIRAN, écuyer, seigneur de la Salle, noble du Déhès ou Deffès, rendit hommage, sous la forme d'une paire de gants, le 8 juillet 1634, à haut et puissant seigneur Paul-Antoine de Cassagnet, marquis

1. Archives du château de Campaigno, acte sur parchemin.
2. Archives du château de Campaigno, actes en due forme. — Preuves de noblesse faites au Cabinet des ordres du roy, au mois de février 1783, par Jean-François de Soubiran de Campaigno, chevalier, pour être admis à une place de sous-lieutenant dans les troupes de Sa Majesté. (*Archives de M. Victor de Bully, à Paris.*)

de Fimarcon. Celui-ci le reçut en son château de la
Garde, comme représentant les droits de magnifique
dame Paule-Françoise de Narbonne de Lomagne. Le
serment de fidélité féodale était dû à raison de la terre
du Déhès qui relevait de la baronnie de Saint-Martin
de Goynes, appartenant au dit marquis de Fimarcon[1].

Le 10 novembre 1646, Pierre de Soubiran fut
déchargé de la gestion des biens de Géraut d'Argut et
conclut, de concert avec François de Narbonne de
Goulard, seigneur de Birac, un accord avec Jean Mon-
don Pardiac, moine franciscain de Nérac. Il fut présent
aux épousailles de Gabrielle, sa sœur, le 23 octobre 1645,
et passa divers actes, le 16 janvier 1650, le 17 février 1653 et le 12 mai 1657. Son fils Jean-Jacques de
Soubiran régla une affaire d'intérêt, le 2 juin 1664,
comme fondé de pouvoir de son père. Des trois femmes
de Pierre de Soubiran, la première, MARIE DEMPTE[2],
fille de Jean Dempte, écuyer, sieur de Cassaigne, qu'il
avait épousée le 24 novembre 1642, lui donna :

1° JEAN-JACQUES DE SOUBIRAN, que nous allons
reprendre;

2° MARIE DE SOUBIRAN, religieuse au couvent de la
Plume, en 1686.

1. Archives du château de Malliac; copie de la main de M. Benjamin de
Moncade.

2. Preuves de noblesse faites au Cabinet des ordres du roy, au mois de
février 1783, par Jean-François de Soubiran.

De son deuxième lit avec LOUISE DE LA SERRE[1], à laquelle il s'allia le 18 juin 1652, provinrent :

1° PIERRE DE SOUBIRAN, qui embrassa la carrière des armes à l'exemple de ses ancêtres;

2° JEAN DE SOUBIRAN, sieur de Saint-Quentin;

3° LOUISE DE SOUBIRAN, femme de JEAN DU GARCIN ou DU PERCIN;

4° SUZANNE DE SOUBIRAN;

5° MARIE DE SOUBIRAN;

6° Autre MARIE DE SOUBIRAN[2].

Enfin CLAIRE DE LA MAZELIÈRE, avec laquelle Pierre de Soubiran contracta une troisième union, le rendit père de :

1° JOSEPH DE SOUBIRAN[3];

2° MARIE DE SOUBIRAN; le sort de ces deux derniers enfants est ignoré.

XIV

JEAN-JACQUES DE SOUBIRAN, écuyer, seigneur de la Teulère et du Déhès, fut mandataire de son père

---

1. Preuves de noblesse faites au Cabinet des ordres du roy, au mois de février 1783, par Jean-François de Soubiran de Campaigno, chevalier, etc. (*Archives de M. Victor de Bully, à Paris.*)

2. *Idem.*

3. C'est lui très-vraisemblablement qui, pour se distinguer de ses frères utérins, fit enregistrer les armes ci-après dans le *Grand Armorial de France*, en 1699 : *D'or, à un chevron de gueules accompagné eu chef de deux étoiles d'azur et en pointe d'une vache passante.* (*Armorial général de France*, vol. XIII, fol. 851, Cabinet des titres.)

en 1664 et signa, le 7 octobre 1686, un arrangement domestique avec Jean et Louise de Soubiran, ses frère et sœur consanguins, au sujet du partage patrimonial. Sa femme ANNE DE LABAT, veuve de Jean de Doualle, sieur du Gibra, avait eu de cette première union une fille dont la tutelle avait été confiée à Jean-Jacques de Soubiran qui, en qualité de curateur de celle-ci, renouvela un bail emphytéotique le 21 juin 1688. Il n'était plus le 9 février 1713 lorsque sa veuve fit un don de 1,500 livres à son fils Jean-Pierre, clerc tonsuré. Anne de Labat fut présente au mariage de Jean-François de Soubiran, son fils, avec Paule de Patras de Campaigno, le 5 février 1719. Elle fit, le 20 mars 1720, son testament dans lequel se trouvent énumérés les enfants ci-après :

1° BARTHÉLEMY DE SOUBIRAN, docteur en théologie, prieur de Saint-Genès et curé de Saint-Cérici, qui figure en compagnie de son frère Jean-François de Soubiran, capitaine au régiment d'Orléans, aux noces de Marc-Antoine de la Devèze de Charrin, l'un des fils puînés de Joseph de la Devèze, écuyer, seigneur de Charrin, et de dame Gabrielle de Bazignan, avec Marie de Cauboue, née de feu Barthélemy Cauboue, sieur de Langlade, et de demoiselle Suzanne de Soubiran du Déhès [1].

---

1. *Nobiliaire de Guienne,* par M. de Laffore, t. III, p. 58-59.

2° JEAN-PIERRE DE SOUBIRAN, curé de Montagnac ;

3° JEAN-FRANÇOIS DE SOUBIRAN qui suit ;

4° N. DE SOUBIRAN, seigneur du Déhès, capitaine au régiment d'Orléans, infanterie, fut blessé mortellement le 11 septembre 1714, au siége de Barcelone, en montant un des premiers à l'assaut ;

5° N. DE SOUBIRAN, sieur de Saint-Quentin, lieutenant au même régiment que son frère, fut tué à ses côtés, le 11 septembre 1714, sous les murs de Barcelone [1].

XV

JEAN-FRANÇOIS DE SOUBIRAN, écuyer, seigneur du Déhès, capitaine au régiment d'infanterie d'Orléans, par brevet du 8 avril 1710 [2], fut, après production des titres affirmant sa haute origine, confirmé dans sa noblesse le 20 juin 1718, par jugement de M. de Lamoignon, intendant de la généralité de Bordeaux [3].

1. Preuves de noblesse faites au Cabinet des ordres du roy, au mois de février 1783, par Jean-François de Soubiran de Campaigno, chevalier, pour être admis à une place de sous-lieutenant dans les troupes de Sa Majesté. (*Archives de M. Victor de Bully, à Paris.*)

2. Commission de capitaine dans le régiment d'infanterie d'Orléans, pour Jean-François de Soubiran du Déhès. (*Archives du château de Campaigno, Gers.*)

3. Expédition authentique du jugement de maintenue; archives du château de Campaigno. (Voir DOCUMENT XIV). — Preuves de noblesse faites au Cabinet des ordres du roy, au mois de février 1783, par Jean-François de Soubiran de Campaigno, chevalier, pour être admis à une place de sous-lieutenant. (*Archives de M. Victor de Bully, à Paris.*)

Il épousa, le 5 février 1749, demoiselle PAULE DE PATRAS DE CAMPAIGNO, fille de messire Bernard de Patras, écuyer, seigneur de Campaigno, de Ligardes et autres places, et de Serène ou Sirène de Sarreau. Dans le cortège nuptial du côté de l'époux, on remarque Arnaud d'Amblard, écuyer, seigneur de Saint-Genez, son beau-frère et procureur fondé d'Anne de Labat, mère du futur, messire Barthélemy de Soubiran, curé de Saint-Cérici et prieur de Saint-Genez, messire Jean-Pierre de Soubiran, prêtre. L'épouse était assistée de Dominique de Patras, seigneur de Campaigno, capitaine au régiment de Bourbonnais, son oncle. Il fut stipulé, dans une des clauses du contrat (au cas d'extinction dans la ligne mâle d'Arnaud de Patras, père de Paule, et de Dominique, son oncle), que les enfants issus du mariage de ladite Paule avec Jean-François de Soubiran seraient substitués aux noms, armes et droits de la branche des Patras, représentée par la future [1]. Un fait analogue s'était accompli au milieu du xv° siècle, au profit des Patras qui, par suite d'une union avec les de Rovignan, seigneurs de Campaigno, s'étaient assimilé le nom de cette terre. Noble Bernard de Patras, damoiseau, demeurant à Ligardes, contracta alliance, le 20 juin 1446, avec noble Jeanne de Revignan ou

1. Original du contrat de mariage sur parchemin; archives du château de Campaigno. — Preuves de noblesse faites au Cabinet des ordres du roy, au mois de février 1783, par Jean-François de Soubiran de Campaigno, etc.

Rovignan [1], fille de Jean de Rovignan, qui n'était plus alors, et de Blanchefleur de Cazenove. La mère et le frère de la future lui constituèrent en dot le château de Campaigno et toutes ses dépendances. Jeanne reçut en outre des accoutrements de luxe et une somme de 100 francs bordelais [2]. Le contrat fut passé à Li-

1. Jeanne de Rovignan fit, en la salle de Campaigno, le 18 novembre 1485, un testament dans lequel elle recommanda d'ensevelir son corps au cimetière de Saint-Hilaire de Ligardes, au tombeau de ses ancêtres. Elle fonda plusieurs œuvres pies et gratifia d'un legs chacun de ses enfants. Catherine de Patras, femme de Guillaume de Ferrabouc, et Jeanne de Patras, son autre fille, mariée à Pierre de Brengue, eurent, la première, une robe d'étoffe de France à trois écus la canne, et la seconde une somme de 4 francs bordelais. La testatrice laissa en outre à son fils Amanieu, qui était loin de la patrie et servait le roi de France dans son armée, en qualité d'écuyer, si toutefois il existait encore, tout ce qu'elle possédait dans la paroisse de Saint-Caprais et une vigne dans celle de Ligardes. Son mari, noble Bernard de Patras, en cas de survivance, était l'usufruitier de tous ses biens, lesquels devaient ensuite être transmis à Michel de Patras, leur fils, institué héritier universel. Jeanne de Rovignan désigna pour exécuteur de ses volontés posthumes Michel, prénommé, et Pierre de Brengue, son gendre.

2. VILLEVIEILLE, *Trésor généalogique,* vol. LXVII, fol. 61, Bibl. de Richelieu. — Nous avons recueilli dans les archives de Picardie, dans celles du Sud-Ouest, dans les collections du Cabinet des titres et les dépôts particuliers, les matériaux historiques les plus abondants sur le passé des Patras, qui réunissent l'ancienneté d'extraction et la gloire militaire. Nos documents, puisés aux sources les plus diverses et transcrits dans leur forme originale, sont d'un grand intérêt pour l'histoire de Gascogne et du Boulonnais. Ils démontrent que les de Patras ont laissé une empreinte profonde et visible dans les annales du Midi, à partir de 1150. A cette époque, en effet, Pierre de Patras concourut par sa présence à la donation du territoire de Modonville, en faveur du monastère de Notre-Dame de Lespinasse. En 1188, on le retrouve en *l'Historia ecclesiæ Condomiensis,* insérée dans le *Spicilège* de dom Luc d'Achery. Je regrette que l'économie de cette

gardes le mois et l'an sus-indiqués sous le règne
de Charles VII, la domination de Odon, vicomte de
Lomagne, et sous la prélature de Jean, évêque
de Condom. Les témoins furent Bertrand de Bordes,
Garcie de Mondenard, seigneur de Moncaup, Gaillard
de Goth, seigneur de Manleiche, Jean de Goth, Pierre

étude m'interdise d'utiliser ces provisions considérables d'éléments généalogiques et m'impose d'enfermer dans une note le passé de cette maison, qui
remplirait dignement un gros volume. Je saisirai toutefois l'occasion qui se
présente de critiquer M. Marmin, qui parle d'une façon trop romanesque et
trop romantique du berceau des Patras dans la vie de *Michel de Patras*,
gouverneur et sénéchal du Boulonnais, dit le Chevalier noir. Le biographe
susnommé fait remonter les de Patras aux comtes italiens de *Carpégna*, qui
portèrent aussi le surnom de *Malatesta*. Un des chevaliers de cette race
s'étant embarqué à Venise, à la suite de Beaudoin, comte de Flandre, en
1205, aurait contribué à la prise de Constantinople et à la conquête de la
Grèce, accomplie par le marquis de Montferrat, roi de Thessalonique. La
Morée ayant été donnée à Geoffroy de Villehardouin, ce dernier récompensa
à son tour les barons, ses auxiliaires, en les apanageant avec des terres et
des villes. Un sire de Malatesta eut le port de Patras, dont il adopta le nom.
Tels furent, d'après M. Marmin, les ancêtres moitié italiens et moitié grecs
de Michel de Patras, surnommé le Chevalier noir. De pareilles fables ridicu-
lisent les familles qui en sont l'objet. Les de Patras gascons n'ont pas besoin
de recourir à ces récits plus ou moins légendaires pour rehausser leur
antique origine, qui peut être authentiquement éclairée jusqu'en 1150. A
cette date nous les avons trouvés dans le Condomois, où ils ont constam-
ment depuis tenu un rang élevé et joué un rôle héroïque, ce qui n'a pas
empêché M. Marmin de prétendre que les de Patras vinrent d'Italie et se
fixèrent en France sous le règne de Charles VI. Il n'est pas possible de
pousser plus loin e mépris de la vérité et l'ignorance de son sujet. Puisque
nous avons nommé Michel de Campaigno, le Chevalier noir, nous repro-
duirons, pour le faire connaître, quelques pages qui lui ont été consacrées
dans des ouvrages plus sérieux que celui de M. Marmin. (Voir à l'*Appendice les extraits* placés sous la rubrique DOCUMENT XV.)

de l'Isle et Gaillard de Cazeaux, seigneur de Saint-Martin.

C'est donc au milieu du xv⁵ siècle que les de Patras ajoutèrent à leur nom celui de Campaigno par suite de l'union de Bernard de Patras avec Jeanne de Rovignan, qui apporta à son mari *l'Ostal de Campaigno*. Le 3 février 1749 Jean-François de Soubiran épousa Paule Patras de Campaigno, fille de Bernard, écuyer, seigneur de ce lieu, et fut substitué, à raison de ce mariage, aux noms et armes de Patras, non-seulement dans le contrat, par son beau-père, mais encore par codicille de Dominique de Patras, oncle de sa femme. Le fief de Campaigno passa bientôt tout entier dans les mains de Jean-François de Soubiran, qui l'avait déjà en partie : or, à cette époque, la terre avait la puissance de communiquer son nom à ses détenteurs, même quand elle avait été acquise à beaux deniers comptants et à plus forte raison quand elle provenait de légitime ou d'héritage. C'est par le fait d'une alliance que les de Patras prirent, en 1446, le surnom de Campaigno [1]. C'est pour et par

1. Le droit pyrénéen, tout à fait opposé aux coutumes des pays régis par la loi salique, était pleinement favorable à la femme. Il procédait du *Fuero real de Leon*, qui mettait sur le même pied les fils et les filles, et de la loi fondamentale de *las Siete partidas de Castille*, qui réglait l'ordre de succession dans ce royaume, sans distinction de sexe. En Béarn et dans toutes les contrées qui constituaient l'apanage des vicomtes de ce nom, comme le Brulhois qui comprenait le fief de Campaigno, la femme, en effet, avait tous les privilèges de la virilité : l'époux d'une héritière prenait le

la même cause que les Soubiran devinrent des Campaigno en 1749. Il existe toutefois une différence en faveur des Soubiran, puisque l'adoption du nom terrien de Campaigno, au lieu d'être simplement consacrée par contrat, comme pour les Patras, le fut encore par sanction royale et par testament d'un tiers (Dominique de Patras) capable de transmission. En résumé, les de Soubiran s'appellent de Campaigno avec autant de légitimité au moins que les Patras, puisque la possession d'état résulte d'un usage de cent années. Aux yeux de la loi, sous ce rapport, un siècle est aussi valable que plusieurs. Le droit des deux maisons au nom de Campaigno, nous le répétons, est égal des deux côtés et procède du même principe.

nom de celle-ci et abandonnait le sien. M. B. de Lagrèze dit à ce propos : « L'héritière recevait le mari chez elle et lui donnait jusqu'à son nom. » Le même auteur, toujours dans son *Histoire du droit dans les Pyrénées,* insiste ailleurs sur ce point singulier de certaines coutumes de Bigorre et de Béarn : « En Bigorre, le droit d'aînesse était admis, mais non le droit de masculinité... On ne reconnut jamais dans nos montagnes la loi salique... Le comté de Bigorre appartint souvent à des femmes. »

« Les coutumes de Barèges, du Lavedan, des Angles, rivière Ousse et marquisat de Bénac, disent aussi en termes formels que c'est l'aîné, sans distinction de sexe, qui est héritier de la maison et de tous les biens de souche et avitins, à l'exclusion des cadets, qui n'ont droit qu'à une légitime. »

De cette manière la femme contribuait pour sa part à la filiation, qui réside dans la perpétuité du nom, et les enfants succédaient à la fois à leur père et à leur mère. C'est en vertu de ces règlements locaux, usités dans le vicomté de Béarn et ses anciennes dépendances, comme le Brulhois, que les Patras purent s'identifier aux de Rovignan, seigneurs de Campaigno, et les de Soubiran, plus tard, aux Patras de Campaigno.

Après cette digression, rentrons dans notre sujet.

Bernard de Patras, père de Paule, femme de Jean-François de Soubiran, avait eu en outre deux enfants mâles, Jean et Dominique de Patras. Le premier s'éteignit sans laisser de postérité; le second en fut également privé. Voyant que la ligne masculine de sa branche touchait à sa fin, Dominique voulut la faire reverdir en fortifiant la substitution inscrite dans les pactes matrimoniaux de Bernard de Patras avec Serène de Sarreau [1] et dans ceux de Paule de Patras avec Jean-François de Soubiran, au bénéfice des descendants de celui-ci. Dominique de Patras renouvela donc dans son testament pour son compte, toujours en faveur du seigneur du Déhès, mari de sa sœur, ou de leurs rejetons, la donation de la part qu'il avait sur le fief de

---

1. « Noble Bernard de Patras (troisième du nom), seigneur de Campai-
« gno, coseigneur de Ligardes, fils de noble François de Patras (III) et de
« noble Marie d'Aux de l'Escout, se maria avec noble Serenne de Sarreau,
« le 12e octobre 1689, assisté par procuration de sa mère Marie d'Aux.
« Afferme du château et biens de Campaigno, consentie par noble Bernard
« de Patras, le 2e juillet 1685, plusieurs actes en date du 11e décembre 1690
« et du 26e novembre 1698, en faveur de noble Bernard de Patras, seigneur
« de Campaigno. Noble Bernard de Patras et Serenne de Sarreau, sa femme,
« firent, dans leur contrat de mariage, donation de la moitié de tous leurs
« biens, des seigneuries de Campaigno et de Ligardes, en faveur de leur
« premier enfant mâle, habile à leur succéder, et les substituèrent aux autres
« enfants mâles, en suivant l'ordre de primogéniture, et à défaut d'enfants
« mâles aux filles, en suivant le même ordre; déclarant, de plus, que s'ils
« ne disposoient du reste, ledit enfant mâle hériteroit de tout, sous la réserve
« cependant qu'ils auroient la faculté de nommer et choisir lequel ils juge-

Campaigno et la transmission du nom et des qualités
appartenant aux de Patras de Campaigno. Les de
Soubiran, à la génération suivante, se trouvèrent ainsi,
dans la personne d'Arnaud, pourvus intégralement de
la terre de Campaigno et de tous les titres et appellatifs
inhérents à la branche aînée des Patras[1]. C'est en vertu
de cette identification des Soubiran et des Patras
(d'après Chérin, juge d'armes de France et généalogiste du roi) que Jean-François de Soubiran, fils
d'Arnaud de Soubiran et d'Ursule de Lartigue de
Cahusac, fut enregistré le 6 février 1770 sur les livres
baptistaires de la paroisse de Ligardes de la manière
ci après : « Jean-François de SOUBIRAN DE PATRAS DE
CAMPAIGNO. »

Les enfants de Jean-François de Soubiran et de
Paule de Patras furent :

« roient à propos et que ce ne seroit qu'à défaut de nomination que l'aîné
« seroit censé élu, lesdits biens toujours substitués suivant l'ordre établi.
« Bernard de Patras fut maintenu dans sa noblesse le 20ᵉ janvier 1700, par
« le commissaire des parties chargé de la recherche des faux nobles. Ils
« moururent enfin sans faire autres dispositions que celles qui sont dans le
« degré suivant; ils eurent plusieurs enfans, parmi lesquels ont vécu seule-
« ment, savoir : nobles Jean de Patras, Dominique de Patras et Arnaud de
« Patras, ainsi qu'il va être prouvé. » (*Généalogie des Patras, seigneurs
de Ligardes et de Campaigno*, in-4° imprimé en 1776; Arch. du château
de Campaigno.) Voir aux *Pièces justificatives*, DOCUMENT XVI, la transla-
tion du nom et des armes de Patras opérée par Dominique de Patras en
faveur d'Arnaud de Soubiran, son neveu.

1. Preuves de noblesse faites au Cabinet des ordres du roy, au mois de
février 1783, par Jean-François de Soubiran de Campaigno, chevalier, etc.
(*Archives de M. Victor de Bully, à Paris.*)

1º Arnaud de Soubiran ;

2º Marie de Soubiran, qui épousa messire Henri d'Aux, coseigneur de Saint-Médard, officier de dragons : d'eux provinrent deux enfants mâles ;

3º Marie-Thérèse de Soubiran[1] qui réclama, le 25 pluviôse an II de la République, la restitution de ses droits légitimaires indûment séquestrés ;

4º Marie-Anne de Soubiran.

XVI

ARNAUD DE SOUBIRAN DE CAMPAIGNO, écuyer, seigneur de Campaigno et de Ligardes, fut le premier des siens qui porta le nom de Campaigno, conformément aux prescriptions posthumes de Dominique de Patras, dernier représentant de la branche demeurée en Gascogne[2] ; il tenait en outre ce droit de l'ancienne législation du Brulhois et d'une autorisation royale. Il obtint, le 24 octobre 1747, en récompense de ses services militaires, une commission de capitaine avec le commandement d'une compagnie dans le régiment des gardes de Lorraine et fut créé chevalier de Saint-Louis le 10 février 1763. Le roi, l'année suivante, lui accorda

1. *Mémoire généalogique sur la Maison d'Aux de Lescout*, p. 32. — *Journal judiciaire de Condom* du 4 juin 1839, nº 788, 3ᵉ page, 1ʳᵉ colonne.

2. Preuves de noblesse faites au Cabinet des ordres du roy, au mois de février 1783, par Jean-François de Soubiran de Campaigno, chevalier, etc. (Voir aux *Pièces justificatives*, document XVII.)

une pension de 300 livres en considération d'une blessure qu'Arnaud de Soubiran de Campaigno avait reçue au front en chargeant à la tête de sa compagnie. La lettre dans laquelle Sa Majesté lui fait part de sa libéralité et de sa satisfaction est signée par le duc de Choiseul [1]. Il épousa, le 8 février 1765, demoiselle URSULE DE LARTIGUE DE CAHUSAC, fille de messire Jean de Lartigue, président au présidial de Condom, et de dame Angélique-Olive de Montlezun. Les parents du futur déclarèrent dans les pactes avoir constitué la somme de 5,000 livres à noble Marie de Soubiran, femme de messire Henri d'Aux, ci-devant officier de dragons, et réservèrent les mêmes avantages à leurs autres filles, Marie-Thérèse et Marie-Anne. L'administration départementale du Gers, par arrêt du 18 germinal et du 5 fructidor an IV, ordonna le partage de la succession d'Arnaud de Soubiran de Campaigno, émigré. Ses filles, Catherine, Joséphine, Henriette, Marie et Adélaïde de Soubiran de Campaigno, qui n'avaient jamais quitté la commune de Ligardes où elles résidaient, intervinrent pour réclamer leur portion d'héritage et purent ainsi la sauvegarder [2].

Arnaud de Soubiran de Campaigno laissa d'Ursule de Lartigue de Cahusac [3] :

1. Archives du château de Campaigno.
2. Idem.
3. Preuves de noblesse faites au Cabinet des ordres du roy, au mois de

1° JEAN-FRANÇOIS DE SOUBIRAN DE CAMPAIGNO;

2° CATHERINE DE SOUBIRAN DE CAMPAIGNO;

3° JOSÉPHINE;

4° HENRIETTE;

5° MARIE;

6° ADÉLAÏDE. Ces cinq filles d'abord recluses, avec leur mère, comme parentes d'émigré, revendiquèrent leur part des terres de Campaigno et de Ligardes, confisquées pendant la Révolution, et furent les anges tutélaires du foyer[1].

XVII

JEAN-FRANÇOIS DE SOUBIRAN DE PATRAS DE CAMPAIGNO (c'est ainsi qu'il est inscrit sur les registres ecclésiastiques) fut ondoyé le 9 janvier 1770 et reçut le supplément des cérémonies baptistaires le 6 février suivant, dans l'église paroissiale de Ligardes[2]. Il alla rejoindre l'armée de Condé en 1792, participa aux batailles de Wissembourg et de Bentheim. Il est appelé comte dans quelques actes relatifs à l'émigra-

février 1783, par Jean-François de Soubiran de Campaigno, chevalier, pour être admis à une place de sous-lieutenant dans les troupes de Sa Majesté. (*Archives de M. Victor de Bully, à Paris*). — L'original du contrat de mariage est aux archives du château de Campaigno.

1. Tous les papiers se rattachant à cette revendication sont également au château de Campaigno.

2. Preuves de noblesse de Jean-François de Soubiran de Campaigno. — État civil de la commune de Ligardes, registres antérieurs à 1789.

tion. Cette qualification, quoique exceptionnellement
pratiquée, avait sa raison d'être dans l'ancien titre de
comte ou vicomte de Paulin, porté par ses ancêtres,
seigneurs d'Arifat, dès le xiv⁰ siècle, et dans celui
de marquis, éteint à la fin du xvii⁰ en la personne
d'Albert de Soubiran, marquis d'Arifat, brigadier des
armées du roi et premier aide-major du régiment des
gardes françaises. Le rameau du Déhès, à raison de sa
séparation lointaine de la souche d'Arifat, ignorait sans
doute quels étaient ses droits comparativement aux
autres branches pour recueillir la succession honori-
fique du tronc vicomtal et marquisal d'Arifat. Dans
cette incertitude, les de Soubiran de Campaigno, crai-
gnant d'être primés par d'autres collatéraux, s'abstin-
rent de relever les deux titres. Jusqu'à preuve
contraire, nous avons tout lieu de penser que leur
branche est aujourd'hui l'aînée des survivantes, s'il en
existe encore, et qu'en vertu de l'ancienne et de la
nouvelle législation, ils sont les héritiers des distinctions héraldiques et autres ayant appartenu aux marquis
d'Arifat. Jean-François de Soubiran de Campaigno est
inscrit sur l'*État des liquidations* se rapportant aux
émigrés comme ayant touché sa part d'indemnité le
7 octobre 1825 [1].

1. Anciennes arch. du Ministère des finances; papiers relatifs aux émigrés.
— *État détaillé des liquidations faites par la commission d'indemnité,
à l'époque du 1ᵉʳ avril 1826, 1ʳᵉ partie* (Gers), p. 1.

Jean-François de Soubiran de Campaigno fut père de :

1° JULES DE SOUBIRAN DE CAMPAIGNO , qui va revenir ;

2° PIERRE-MARIE-FRANÇOIS-ÉMILE DE SOUBIRAN DE CAMPAIGNO, commandant d'artillerie, était né le 25 mars 1808. A sa sortie de l'École polytechnique, où il était entré le 1er novembre 1827, il passa en qualité d'élève sous-lieutenant à l'École d'application de Metz le 1er octobre 1829. Nous le trouvons le 11 mai 1832 dans le 6° régiment d'artillerie avec le grade de lieutenant, avec celui de capitaine en second le 11 novembre 1837; l'année suivante il fut détaché aux forges du Doubs pour la fabrique des canons et quelque temps après à celles du Midi. M. Émile de Campaigno fut désigné, le 25 octobre 1840, par le ministre de la guerre comme adjoint à la poudrerie de Toulouse. On le voit ensuite successivement élevé au rang de capitaine en premier, le 3 août 1841, chef d'escadron le 14 février 1854, commandant de l'artillerie à Saumur le 6 mars suivant, et enfin retraité le 16 août 1856. Il était considéré dans son arme comme un des officiers les plus distingués et les plus érudits. Sa promotion dans l'ordre de la Légion d'honneur porte la date du 10 décembre 1851. M. Émile de Campaigno avait épousé, le 31 janvier 1850, mademoiselle Louise Duval de Mondeville, née à Marolles-les-Arpajon, arrondissement de Corbeil (Seine-et-Oise). Il mourut prématurément le 23 mars 1860, laissant une fille unique, *Augusta-Marie de Soubiran de Campaigno*, mariée à M. le marquis *Victor de Galard-Terraube* [1].

3° PIERRE-FRANÇOIS-CHARLES DE SOUBIRAN DE CAMPAIGNO, sorti de l'École de Saint-Cyr le 1er octobre 1831, avec le grade de sous-lieutenant. Nous le trouvons capitaine adjudant-major le 7 juillet 1842, et enfin colonel au 92e de ligne, le 10 novembre 1856. Il avait fait les campagnes de Belgique (1832-1833), celles d'Afrique de 1842 à 1847 et de 1852 à 1854 inclusivement. M. Charles de Soubiran de Campaigno fut appelé, sur la fin de l'expédition de Crimée, à l'armée d'Orient, où il arriva le lendemain de la prise de Sébastopol. Nommé commandant de la place de Kamiesteh, il fut chargé de rembarquer les troupes et d'assainir les hôpitaux où les épidémies étaient en permanence. Ce fut une nouvelle occasion pour lui de témoigner au soldat ce dévouement profond et efficace dont il lui avait donné tant de gages en Algérie. Nul plus que lui ne fut soucieux du devoir militaire, qu'il poussa jusqu'à l'austérité. Aussi personnifiait-il au plus haut degré les traditions d'honneur et l'esprit de discipline. Du mariage de M. Charles de Campaigno avec Mlle LAVINIE DUVAL DE MONDEVILLE, sa belle-sœur, est née une fille unique : *Augusta-Pauline de Soubiran de Campaigno*, qui s'est alliée à M. *Victor de Bully*, fils d'Esprit-Charles-Gabriel de

1. Dont la maison est issue de celle des ducs de Gascogne.

Bully[1] et de Élise Loüy. En septembre 1870, M. Victor
de Bully et son frère Léon vinrent s'enfermer dans
Paris pour concourir à sa défense. Leur premier soin
fut de se faire incorporer dans la garde nationale. Pendant ce temps, les Prussiens avaient enveloppé la capi-
tale d'une triple muraille d'airain et s'étaient retranchés
dans le château de Cœuilly, propriété de Mme de Bully,
mère des deux volontaires. M. Victor de Bully fut
appelé au fort de Nogent pour donner au commandant
des indications qui devaient faciliter la destruction de
la villa, appartenant à sa famille, où l'ennemi s'était
cantonné et fortifié.

XVIII

JULES DE CAMPAIGNO fut admis à l'école de Saint-
Cyr en 1825 et refusa, en 1830, de servir le gouvernement nouveau. L'estime générale dont il était entouré
lui valut d'être nommé conseiller général du Gers, en

---

1. Illustre et ancienne entre toutes celles de Normandie, est la maison
de Bully. En 1066, Roger de Bully accompagna Guillaume le Conquérant
en Angleterre et devint un des plus puissants barons de ce pays.

Esprit-Charles-Gabriel de Bully succéda à son père, élu député du Nord
dans l'office de payeur de la 6ᵉ division militaire, vers 1820. En 1830, n'é-
coutant que la voix de son dévouement à la branche aînée des Bourbons, il
donna sa démission et refusa les offres les plus séduisantes du baron Louis,
jaloux de conserver à l'administration des finances ce fonctionnaire modèle et
populaire.

1849. Ce furent ses concitoyens de Condom qui l'investirent de ce mandat. Il descendit prématurément dans la tombe, en 1861, et un pieux hommage fut rendu à sa mémoire vénérée par M. Louis de Peyrecave. Nous détachons cette notice nécrologique de la *Revue d'Aquitaine*, t. VI, p. 236 et 237. — « M. Jules de Campaigno, « ancien membre du conseil général du Gers, est mort « le 25 octobre dans son château de Campaigno, à la « suite d'une courte maladie, âgé d'environ 55 ans.

« M. Jules de Campaigno appartenait, par son aïeule « Paule de Patras de Campaigno, à une très-ancienne « famille, dont l'histoire de notre province a consacré « les glorieux services, et dont il portait légitimement « le nom et les armes. Un membre de cette maison « fut pourvu, en 1596, de la double charge de gouver- « neur et de sénéchal de Boulogne-sur-Mer, que ses « descendants occupèrent après lui pendant près de « deux siècles, en considération de la valeur déployée « et des services rendus dans ces hautes fonctions par « divers membres de cette famille. Tandis que cette « branche se perpétuait avec honneur dans une « province éloignée, l'héritière du manoir patrimo- « nial, Paule de Patras, dame de Campaigno et de « Ligardes, transmettait, vers le milieu du dernier « siècle, avec la sanction royale, son nom et ses « domaines à son époux Jean-François de Soubiran, « seigneur du Déhès, bisaïeul de M. J. de Campaigno.

« Les dernières générations de la branche restée
« dans notre province ont gardé intact cet héritage
« d'honneur. L'aïeul et le père[1] de M. Jules de Cam-
« paigno furent tous les deux chevaliers de Saint-Louis,
« l'un capitaine au régiment des Gardes de Lorraine,
« l'autre au régiment de Royal-Dragons. Nos conci-
« toyens se souviennent encore que ce fut aussi un
« deuil public pour notre cité, lorsque mourut, en
« 1833, le respectable père de celui que nous venons
« de perdre. Mlles de Campaigno, ses tantes, qui avaient
« pieusement entretenu les habitudes claustrales aux-
« quelles elles s'étaient vouées avant la Révolution,
« firent elles-mêmes, du fond de leur retraite, vénérer
« et bénir ce nom par des œuvres de sainteté et de
« charité, dont les souvenirs vivent encore parmi nous.

« A l'exemple de presque tous les siens, et comme
« ses deux frères puînés, M. Jules de Campaigno s'était
« destiné d'abord à la carrière militaire. Sorti de l'École
« de Saint-Cyr en 1827, avec un des premiers numéros,
« il renonça au service actif en 1830 et, depuis cette
« époque, il ne nous a plus quittés. Quel rôle a joué
« parmi nous cet homme aux mœurs douces et simples,
« au caractère si bienveillant, et qui, peut-être par

1. Jean-François de Soubiran de Campaigno, dont il est ici question,
s'était expatrié en 1790; il résidait à Altona (Holstein), le 16 septembre 1870,
comme il appert d'un certificat délivré par Jean-Pierre Luden, bourgmestre
de ladite ville.

« cela même, avait moins les aptitudes de la vie
« publique que les généreux instincts et les vertus
« modestes de la vie privée? D'où lui venait cette
« popularité de bon aloi qui, le jour de ses funérailles,
« confondait avec les larmes d'une famille les regrets
« d'une population entière? M. de Campaigno avait tout
« simplement un noble cœur, c'est-à-dire les qualités
« précieuses qui attirent l'affection et le respect, à
« défaut même de ces dons brillants qui n'assurent le
« plus souvent que des succès d'un jour. Abordable
« pour tous en toute occasion, personne ne recourut
« jamais à lui sans se louer de l'affabilité de son accueil
« et de cet empressement si naturel, qui dénotait
« infailliblement le seul désir d'obliger. On le trouva
« toujours l'auxiliaire empressé de toute entreprise
« utile, le conseil et l'appui de tous ceux qui réclamè-
« rent avec confiance son entremise. Depuis quelques
« années, depuis le jour surtout où il avait éprouvé le
« cruel isolement du veuvage, M. de Campaigno avait
« obéi au besoin instinctif de la retraite, qui répondait
« d'ailleurs à ses goûts simples et utiles; mais les
« voisins du château de Campaigno peuvent dire que,
« dans cette période de sa vie, il était resté ce qu'il
« fut toujours, c'est-à-dire le conciliateur, l'arbitre
« nécessaire, le bienfaiteur, l'ami de tous. Ferme dans
« sa foi religieuse, fidèle à ses idées politiques, toujours
« docile aux inspirations de cette rare bonté qui fut le

« trait dominant de son caractère, il a dignement
« continué les traditions généreuses de sa famille, et il
« les transmet à ses enfants comme leur plus précieux
« apanage.

« La nouvelle de sa fin si prompte a produit dans
« le pays une profonde impression et d'unanimes
« regrets. Il semblait que tous comprenaient mieux,
« en présence de cette perte, l'importance et le bienfait
« de cette influence salutaire qu'exerce autour de lui
« l'homme de bien. Ce dernier et solennel hommage a
« été rendu à M. de Campaigno par la ville de Condom,
« et ces lignes ne sont qu'un écho affaibli des senti-
« ments que nous avons voulu interpréter. Dans un
« temps agité comme le nôtre et dans une société
« encore divisée par tant de préventions injustes, c'est
« du moins un heureux symptôme que les sympathies
« publiques s'attachent ainsi, à l'encontre de toutes
« les dissidences, aux citoyens qui les ont si bien
« méritées. »

M. Jules de Campaigno avait épousé Mlle MARIE-
ALINE-MARCELINE-SOPHONIE-LOUISE DE LAN-
TOURNE, dont il eut :

1° ERNEST-LUDOVIC DE SOUBIRAN DE CAMPAIGNO, baptisé
à Condom le 20 mai 1848 et décédé en bas âge ;

2° Le comte PIERRE-EUGÈNE-MARIE-LUDOVIC de Soubiran de Campaigno, né le 28 juillet 1852, et chef actuel
de sa maison;

3° AUGUSTA ou AUGUSTINE-MARIE-BLANCHE DE SOUBIRAN de Campaigno qui a épousé son cousin FERDINAND-ROGER DE SÉRIE. Ils ont trois enfants qui sont : — I. *Chrysostome-Louis-Marie-Elie-Fernand Roger de Série.* — II. *Augusta-Marie-Madeleine.* — III. *Marie-Louise-Caroline-Joséphine-Henriette*[1].

XIX

M. LUDOVIC DE SOUBIRAN DE CAMPAIGNO se qualifie comte, comme continuateur des droits séculaires des Soubiran, anciens vicomtes ou comtes de Paulin et marquis d'Arifat, dont les représentants directs ou collatéraux les plus proches sont maintenant éteints. Il pourrait légitimement demander au conseil du sceau des lettres récognitives du titre de marquis. M. le comte Ludovic de Soubiran de Campaigno a satisfait à la loi nouvelle du volontariat en servant une année dans le 5° régiment de hussards.

1. État civil du greffe de Condom.

BRANCHE

DES

SEIGNEURS DE BRASSAC

EN ALBIGEOIS.

VIII

GILBERT DE SOUBIRAN, fils puîné de Bernard et de Anne de Monclar, vivait vers 1460; il eut les trois enfants ci-après :

1° BÉRINGUIER DE SOUBIRAN, coseigneur de Brassac, qui lui succédera;

2° PIERRE DE SOUBIRAN, sieur du même lieu;

3° ANTOINE DE SOUBIRAN, coseigneur de Brassac de même que les ci-dessus, fut père de *Jean de Soubiran,* qui aliéna sa portion de Brassac au profit de Pierre, son cousin, le 26 juin 1536[1]. Ce Jean, d'abord seigneur de Brassac et ensuite de Catalon, s'était conjoint à *Françoise de Capriol-Saint-Mars,* de laquelle naquit *Marguerite de Soubiran de Brassac,* mariée à *Gaspard de Bonayde,* seigneur de la Faurie[2], en Albigeois. Margue-

---

1. Généalogie dressée sur actes originaux. Mst. in-4° de la seconde moitié du dernier siècle; Arch. de M. Denis de Thezan.

2. Il avait pour auteurs Jean de Bonayde, seigneur de la Faurie, et Catherine de Calmelez la Cassière.

rite de Soubiran fut mère de Jean de Bonayde de la Faurie, présenté au grand prieuré de Saint-Gilles en 1589[1].

IX

BERINGUIER DE SOUBIRAN, seigneur de Brassac, fut marié, le 16 mai 1487, à JEANNE DES GUILLOTS, fille d'Arnaud, seigneur de Farjanes[2]. Parmi les archers qui, avec les gens d'armes, formaient le ban et l'arrière-ban de l'Albigeois, on trouve, au début du règne de François Ier, Beringuier de Soubiran et Jehan de Soubiran, son neveu, coseigneurs de Brassac ; le dernier l'était en outre de Montpigné. Dans cette troupe, marche également M. d'Arifat. Béringuier eut de Jeanne des Guillots[3] le suivant :

X

PIERRE DE SOUBIRAN, seigneur de Brassac et de Belfort, contracta union, le 18 septembre 1530, avec YOLANDE DE GLANDEVÈS ; il testa, le 12 avril 1561,

1. *Catalogue des chevaliers de l'ordre de Saint-Jean de Jérusalem de la vénérable Langue de Provence*, t. I, fol. 110. Bibl. de l'Arsenal, Mss.

2. Généalogie dressée sur actes originaux. Mst. in-4° de la seconde moitié du dernier siècle; Arch. de M. Denis de Thezan. — *Pièces fugitives pour servir à l'Histoire de France,* par le marquis d'Aubais, 1759, in-4° (*Jugements de la noblesse de Languedoc*), t. II, p. 131,

3. *Archives historiques de l'Albigeois et pays Castrais,* par P. Roger.

devant du Jarric, notaire, et sa veuve fit une donation, en 1566, au profit de son fils aîné[1]. D'eux provinrent :

1° BALTHAZAR DE SOUBIRAN, seigneur de Brassac ;

2° PIERRE DE SOUBIRAN, point de départ de la branche du Falga, que nous traiterons en particulier ;

3° ANTOINE DE SOUBIRAN, époux de JEANNE DE RIGAUD, sujet initial de la branche de Castelnaudary ;

4° HONORANDE DE SOUBIRAN ;

5° ANNE, épouse du sire DE CORBIÈRES[2].

XI

BALTHAZAR DE SOUBIRAN, seigneur de Brassac, donna quittance, le 3 septembre 1567, devant Chabard, notaire, de la dot de sa femme, ISABEAU DE VERNIOLES. Celle-ci, qui était issue de feu Antoine de Vernioles, seigneur de Compans, et de N. Lautrec-Saint-Germier, laissa à son mari :

1° PIERRE DE SOUBIRAN, qui va personnifier le prochain degré ;

2° PAUL, sieur de Belfort, dont les pactes matrimoniaux avec ANNE DE CARMAING furent passés, le 30 juillet 1636, devant Grifoulier, tabellion[3].

1. Généalogie dressée sur actes originaux. Mst. in-4° de la seconde moitié du dernier siècle; Arch. de M. Denis de Thezan.

2. *Idem.* — *Pièces fugitives pour servir à l'Histoire de France,* par le marquis d'Aubais, in-4° (*Jugements sur la noblesse de Languedoc*), t. II, p. 131.

3. *Ibid.*

XII

PIERRE DE SOUBIRAN, seigneur de Brassac, intenta, en 1613, un procès civil pour obtenir la vente judicielle des biens dévolus aux héritiers d'Adhémar de Soubiran, sieur d'Arifat[1]. Jean et Charles de Buscansolles, sieurs de Coupiac, oncle et neveu, demandèrent, en 1617, au juge ordinaire de Margorès d'être confirmés dans la possession du domaine appelé le Travers de Marniès, à l'exclusion de Pierre de Soubiran, sieur de Brassac[2]. Celui-ci fit ses dispositions testamentaires le 23 juin 1621. D'un mariage inconnu dérivèrent :

1° ARNAUD DE SOUBIRAN, mort sans lignée;

2° ANNE DE SOUBIRAN, mariée à GUYON DE BERNÈS ou VERNÈS, seigneur de Laglantaric[3].

1. *Inventaire sommaire des archives départementales antérieures à 1790,* rédigé par M. Mouynès (Aude), archives civiles, série B, t. Ier, p. 24, 1re colonne.

2. *Ut supra,* p. 132, 2e colonne.

3. Généalogie dressée sur actes originaux. Mst. in-4° de la seconde moitié du dernier siècle; Arch. de M. Denis de Thezan.

BRANCHE

DE

CASTELNAUDARY

X

PIERRE DE SOUBIRAN, écuyer, seigneur de Brassac et de Belfort, était fils de Brenguier ou Bringuier de Soubiran, seigneur de Brassac, et de Jeanne des Guillots, mariés le 16 mai 1487. Pierre de Soubiran contracta union, le 18 décembre 1530, avec YOLANDE DE GLANDEVÈS. Son testament du 12 août 1561 fut reçu par Aimard du Jarric[1]. Le troisième de ses enfants, qui suit, fonda la branche de Castelnaudary.

XI

ANTOINE DE SOUBIRAN, seigneur de Brassac, épousa JEANNE DE RIGAUD. Le contrat fut retenu par Forges, notaire royal, le 16 février 1575. Sa situation, précaire comme celle de beaucoup de cadets,

---

1. Arrêt du conseil d'État qui maintient Barthélemy de Soubiran dans sa noblesse après production de preuves, le 1er décembre 1670; Archives de M. Denis de Thezan.

réduisit son fils Barthélemy à rechercher l'office fiscal de receveur des tailles qui, loin toutefois d'entraîner dérogeance, communiquait graduellement la noblesse[1]. Antoine de Soubiran eut pour successeur :

XII

BARTHÉLEMY DE SOUBIRAN, avocat, maître des eaux et forêts, receveur des tailles du diocèse de Saint-Papoul. Il se maria deux fois : la première avec CLAIRE DE BRUGELLES, le 15 juin 1613, et la seconde avec JEANNE DE LATGER, le 12 juin 1622[2]. Celle-ci lui donna :

1° JACQUES DE SOUBIRAN ;

2° REYNÉ DE SOUBIRAN, qui habitait Narbonne en 1668.

XIII

JACQUES DE SOUBIRAN, docteur ès droit, avocat en la sénéchaussée de Lauraguais, lequel blasonnait : *D'argent, à la bande de gueules*. Il épousa, le 28 février 1641, ROSE DE BONAL[3], dont il eut :

XIV

BARTHÉLEMY DE SOUBIRAN, dans la juridiction de Lauraguais et résidant à Castelnaudary, fit oppo-

1. Arrêt du conseil d'État, *ut supra*.
2. *Idem.*
3. *Idem.*

sition au jugement par lequel monseigneur de Bezons
le déclarait roturier. Cette injuste sentence, rendue le
29 mai 1668, fut, après production de preuves établissant la noble extraction de Barthélemy de Soubiran[1],
cassée et annulée, le 22 mars 1670, par une décision
souveraine du grand conseil. (Voir à l'Appendice document XVIII)[2].

1. Arrêt du conseil d'État, *ut supra*. Ce Barthélemy de Soubiran doit
être le même que le Barthélemy ci-dessous, dont les armes enregistrées au
Grand Armorial sont celles de sa profession et non de sa famille.

« Barthélemy de Soubeyran, conseiller du roi, assesseur de la Maison de
« ville de Castelnaudary, porte : *D'azur, à un chevron d'argent, accom-*
« *pagné de deux lions affrontés d'or, lampassés de gueules sur le che-*
« *vron et deux roses d'or posées, une au-dessus du chevron, et l'autre*
« *au-dessous, et un chef cousu de gueules chargé de trois étoiles d'or.*»
(*Armorial général Toulouse-Montauban*, vol. XIV, p. 85. Bibl. de Richelieu, Cabinet des titres.)

2. Arrêt du conseil d'État précité.

RAMEAU

DES

SEIGNEURS DU FALGA

XI

PIERRE DE SOUBIRAN, premier seigneur du Falga, était fils puîné de Pierre de Soubiran, seigneur de Brassac, et de Yolande de Glandevès. Quelque temps après la Saint-Barthélemy, le 1er novembre 1572, les protestants s'assemblèrent à Réalmont, en Albigeois, dans le but d'organiser une confédération militaire. Les députés des villes du haut Languedoc, du Rouergue, du Quercy, du comté de Foix et de l'Armagnac firent le serment de se dévouer jusqu'à la mort à la cause commune et de se prêter un mutuel appui. Le gouvernement des provinces fut partagé entre les divers chefs : le Rouergue fut assigné au baron de Panat, le haut Quercy au vicomte du Gourdon, le Lauraguais à Terride, le pays de Foix à Jacques de Castelverdun. Michel d'Astarac eut l'Armagnac, et le vicomte de Paulin l'Albigeois. Celui-ci mit immédiatement sur pied une compagnie, dont il confia le commandement à Pierre de Soubiran et le guidon à Jean de Portes[1].

1. *Hist. de Gascogne,* par l'abbé Monlezun, t. III, p. 389 et 390.

Pierre de Soubiran fut reçu gentilhomme de la chambre du roi de Navarre en 1584. Il avait épousé, le 10 mai 1576, JEANNE DE VERNÈS, petite-fille de Pierre de Vernès et de Marguerite de Soubiran. Jeanne, héritière de sa maison, porta en dot à son mari les terres du Falga et de Maulens, dans le diocèse de Toulouse. Pierre de Soubiran dicta ses dernières volontés le 8 décembre 1644, devant Gaillard, notaire, et énuméra ses quatre enfants[1] :

1° ABEL DE SOUBIRAN, seigneur du Falga;

2° FRANÇOIS DE SOUBIRAN, sieur de Maulens;

3° MARIE, femme, en 1613, de HUGUES DE BESSET, seigneur de Coufinas;

4° LÉA DE SOUBIRAN, mariée d'abord à GERMAIN D'AVESSENS, seigneur de Moncal, et après la mort de celui-ci (1617), à GUILLAUME DE ROSEL[2].

XII

ABEL DE SOUBIRAN, SEIGNEUR DU FALGA, était au service en 1636. Il avait contracté union, le 23 juillet 1606, devant Tardieu, notaire, avec FRANÇOISE DE MERCIER[3], dont il eut :

1. Généalogie dressée sur actes originaux. Mst. in-4° de la seconde moitié du dernier siècle; Arch. de M. Denis de Thezan.

2. *Pièces fugitives,* par le marquis d'Aubais, 1759, in-4° (*Jugements sur la noblesse de Languedoc*), t. II, p. 131.

3. Archives de l'ancien Parlement de Toulouse; insinuations.

1° ANDRÉ, seigneur du Falga, de Garanet et Jarnac;

2° PIERRE, seigneur de Jarnac;

3° ANTOINE;

4° DELPHINE, qui s'accorda, le 11 mai 1662, avec son frère aîné au sujet de ses droits légitimaires.

XIII

ANDRÉ DE SOUBIRAN, seigneur du Falga, Garanet, etc., naquit en 1610 et épousa, le 13 avril 1655, ANNE DE VILLETE DE MONLEDIER. D'après plusieurs mémoires, cette branche serait éteinte.

BRANCHE

DES

SEIGNEURS DE LISSAC

XII

JEAN DE SOUBIRAN, sieur de Garseval, le troisième des enfants mâles d'Adhémar ou Azémar de Soubiran, seigneur d'Arifat, et de Delphine d'Aure, fut l'objet d'un legs, le 20 novembre 1594, dans le testament de son père[1]. Il fit le sien le 7 novembre 1621. Sa femme, LOUISE DE CASTELVERDUN, dame de Lissac[2], lui donna :

XIII

PHILIPPE DE SOUBIRAN, seigneur d'Arnac et de Lissac, fut marié, le 28 janvier 1648, à MARGUERITE D'ORBESSAN[3], dont il eut :

1. *Nobiliaire de Montauban et d'Auch,* t. IV, fol. 1427-1428.— Fonds bleu, dossier de Soubiran; Bibl. de Richelieu, Mss. — *Testament d'Adhémar de Soubiran*; Arch. de M. Denis de Thezan.
2. *Nobiliaire de Montauban et d'Auch,* t. IV, fol. 1427-1428; Bibl. de Richelieu, Mss. — Fonds bleu, dossier de Soubiran.
3. *Ut suprà.*

XIV

HENRI DE SOUBIRAN[1], seigneur de Lissac, baptisé le 9 novembre 1649; il produisit les titres établissant son ancienne extraction et fut maintenu dans sa noblesse, le 23 août 1698, par monseigneur Lepelletier de la Houssaye, intendant de la généralité de Montauban[2].

1. *Nobiliaire de Montauban et d'Auch*, t. IV, fol. 1427-1428. — HENRY DE SOUBIRAN, seigneur de Lissac, porte : *D'argent, à une bande de gueules, chargée de trois croissants d'argent.* (*Armorial général Montpellier-Montauban*, vol. XV, p. 1082; Bibl. de Richelieu, Cab. des titres.)

2. Voir aux *Pièces justificatives* le DOCUMENT XIX.

BRANCHE

DES

SEIGNEURS DE SATUR

ET DE CALVAYRAC.

XII

PIERRE DE SOUBIRAN, sieur de la Douze, l'un des fils puînés d'Adhémar de Soubiran, seigneur d'Arifat, est cité dans le testament de sa mère, à la date du 15 mars 1583, et dans celui de son père du 20 novembre 1594[1]. JEANNE DE MOISSET, sa femme[2], lui laissa :

1° LOUIS DE SOUBIRAN, seigneur de Satur et de Calvayrac ;

2° FRANÇOIS DE SOUBIRAN, qui intervint, en 1611 ou 1612, avec ses sœurs, Marie et Suzanne, dans une instance tendant à faire fixer leur légitime particulière sur la métairie de Satur dans la proportion où elle avait

1. *Nobiliaire de Montauban et d'Auch*, t. II, fol. 469 et 470; Bibl. de Richelieu, Mss. — Testament d'Adhémar de Soubiran, Arch. de M. Denis de Thezan.

2. *Nobiliaire de Montauban et d'Auch*, t. II, fol. 469 et 470; Bibl. de Richelieu, Mss. (Voir DOCUMENT XX.)

été assignée à chacun d'eux par Pierre de Soubiran et Jeanne de Moisset, leurs père et mère communs [1];

3° SUZANNE DE SOUBIRAN (Soubeyran), conjointe le 13 juillet 1615 à JEAN DE SAINT-BONNET [2], seigneur de Toiras et de Saint-Jean de Gardonenque, lequel rendit hommage au roi le 14 mai 1639. Leur fils, *Henri de Saint-Bonnet,* épousa *Louise de Montauban* le 10 octobre 1648 [3].

XIII

LOUIS DE SOUBIRAN, seigneur de Satur et de Calvayrac, allié le 28 janvier 1665 à MARIE DU BUIS-SON [4] et père de

XIV

JACQUES DE SOUBIRAN, seigneur de Calvayrac, né le 12 février 1666. Il épousa, le 29 mars 1696, avec l'assentiment et l'assistance de sa mère, Marie du Buisson, demoiselle GABRIELLE DE POMBREL. De même

---

1. *Inventaire sommaire des archives départementales antérieures à 1790,* rédigé par M. Mouynès (Aude), archives civiles, série B, t. Ier, p. 120, 2e colonne.

2. Il avait pour auteurs François de Saint-Bonnet, seigneur de Toiras, et Louise du Cros, dame de Saint-Bauzèle.

3. P. ANSELME, *Histoire des grands officiers de la Couronne,* t. VIII, fol. 489.

4. *Nobiliaire de Montauban et d'Auch,* t. II, fol. 469.

que son cousin Henri de Soubiran, seigneur de Lissac,
il fit ses preuves de vieil estoc devant monseigneur
Legendre, intendant de la généralité de Montauban, et
fut inscrit, le 4 février 1700, sur le catalogue des véritables gentilshommes [1]. Il fit insérer le blason suivant
dans « l'Armorial général de France » : *D'or, à une bande
d'azur, accompagnée en pointe d'une étoile de gueules* [2].

1. *Nobiliaire de Montauban et d'Auch*, t. II, fol. 469.
2. *Armorial général Toulouse Montauban*, vol. XIV, fol. 1171 ; Bibl.
de Richelieu, Cabinet des titres.

BRANCHE

DES

SOUBEIRAN[1] OU SOUBIRAN

SEIGNEURS DE MONTGIRAUD

AU DIOCÈSE DE VIVIERS.

Nous n'avons pu trouver le point de raccordement de ce rameau avec la souche des Soubiran, seigneurs d'Arifat, dont le nom dans les vieux actes est fréquemment écrit *Soubeyran*. L'unité d'armes, de pays, et d'autres traits de ressemblance ne permettent aucun doute sur la communauté originelle des seigneurs d'Arifat et de Montgiraud. Le premier connu de ces derniers est :

I

INNOCENT DE SOUBEIRAN, marié à GABRIELLE DE LA TOURRETTE[2]; il fut père de :

1. Les de Soubiran-Soubeiran, seigneurs de Montgiraud, portaient : *D'argent, à la bande de gueules*. (*Armorial de la noblesse de Languedoc*, par Louis de la Roque, t. Ier, p. 486.)

2. *Armorial de la noblesse de Languedoc*, par Louis de la Roque, t. Ier, p. 486.

II

JACQUES DE SOUBEIRAN, écuyer, qui procréa :

III

JACQUES DE SOUBEIRAN, conjoint, le 20 août 1558, à ISABEAU DE POUZOLS[1], dont il eut :

IV

INNOCENT DE SOUBEIRAN, seigneur de Montgiraud et de Saint-Martin, qui épousa premièrement, le 1er février 1593, ISABEAU FARINE; secondement, FRANÇOISE DE MATHIAS. Des deux lits sortirent :

1° JACQUES DE SOUBEIRAN;

2° CHARLES-ANTOINE, seigneur de Châteauneuf, qui contracta union, le 22 juillet 1661, avec ISABEAU CHAMBON. Il figure avec ses frères sur le catalogue des gentilshommes de Languedoc, dressé en 1675 [2];

3° HUGUES, seigneur d'Alard.

V

JACQUES DE SOUBEIRAN, écuyer, seigneur de Montgiraud, s'allia en 1664 à LOUISE DE GENESTOUS, qui lui donna :

---

1. *Armorial de Languedoc,* par Louis de la Roque, t. 1er, p. 486.
2. *Ibid.,* t. II, p. 280.

1° ANTOINE, seigneur de Montgiraud, Cublètes, etc.;

2° JUST-HENRI;

3° FRANÇOIS-PHILIBERT, écuyer, seigneur de Montgiraud, capitaine de cavalerie au régiment de Sibours, fit enregistrer les armes ci-après, dans le « Grand Armorial de France », en l'année 1699 : *D'azur, à un buste féminin d'or couronné de même, surmonté de deux croissants de même rangés en chef coupé de gueules, à un taureau passant d'argent, accompagné de trois gerbes d'or, deux en chef et une en pointe* [1].

VI

ANTOINE DE SOUBEIRAN, seigneur de Montgiraud, Cublètes, Malpleton et Saint-Martin de Bozas, au diocèse de Viviers, fut inscrit sur le catalogue des véritables gentilshommes, avec ses frères et ses oncles, le 16 décembre 1670 [2]; il eut une fille du nom de MARIE, qui épousa ROGER DU VIVIER, et qui blasonnait ainsi : *D'argent, à un fresne de sinople accompagné d'un lion de gueules passant devant le tronc* [3].

---

1. *Armorial général Montpellier-Montauban*, vol. XV, p. 375; Bibl. de Richelieu, Cabinet des titres.

2. *Armorial de Languedoc*, t. Ier, p. 487.

3. *Armorial général Toulouse-Montauban*, vol. XIV, p. 409; Bibl. de Richelieu, Cabinet des titres. Ces armes diffèrent de celles de son père et de ses frères.

BRANCHE

DES

SOUBIRAN, SEIGNEURS DE FLAMARENS

Nous ignorons aussi comment ce rameau se rattache au tronc des Soubiran, seigneurs d'Arifat, vicomtes de Paulin, mais les résidences voisines des uns et des autres, leurs armes identiques et leurs alliances quelquefois communes affirment un point de départ unique. Les seules générations des sires de Flamarens qui nous soient connues sont les suivantes :

§

CLAUDE DE SOUBIRAN, seigneur de Flamarens, portait : *D'argent, à la bande de gueules au chef d'argent chargé de trois étoiles d'or* [1]. Il épousa JEANNE DE MONESTIERS [2], dont il eut :

§

JEAN DE SOUBIRAN, seigneur de Flamarens, marié à ANTOINETTE DE MONTMORÉ, fille de Philippe

1. *Catalogue des chevaliers de l'ordre de Saint-Jean de Jérusalem de la vénérable Langue de Provence*, t. Ier, fol. 762, in-fol., Mss. Bibl. de l'Arsenal.
2. *Ibid.*

de Montmoré [1] et de Catherine de Corneillan [2]. Antoi-
nette lui laissa *Catherine de Soubiran*, femme de *Tristan de
Villeneuve* [3], seigneur de Monca et de Flamarens; cette
Catherine fut mère de Jean de Villeneuve-Flamarens,
du diocèse de Lavaur, présenté au prieuré de Saint-
Gilles l'an 1647 [4].

1. De Montmoré : *D'azur, à un lion couronné d'or.* (*Armorial général de France.* Bibl. de Richelieu. Mss.)

2. *Catalogue des chevaliers de l'ordre de Saint-Jean de Jérusalem de
la vénérable Langue de Provence*, t. Ier, fol. 762, in-fol. Mss. Bibl. de
l'Arsenal.

3. Jean de Villeneuve blasonnait : *De gueules, à l'épée d'argent posée
en bande, la pointe en bas.*

4. *Catalogue des chevaliers de l'ordre de Saint-Jean de Jérusalem de
la vénérable Langue de Provence*, t. 1er, fol. 762, Mss. Bibl. de l'Arsenal.

APPENDICE

ou

PIÈCES JUSTIFICATIVES

APPENDICE

ou

PIÈCES JUSTIFICATIVES

Hommage rendu par Arnaud d'Arifat et Raymond, son fils, à Bernard Aton, vicomte de Béziers, en présence de Guillaume, Arnaud, Raymond, Armengaud *et* Izarn de Soubiran.

Breu de sacrament que a fait Arnaldus Bernard d'Arifat, lo filz de Rangard, et Raimundus, filius ejus et filius Argentellæ, a Bernard Ato lo vescomte, et Ceciliæ, uxori suæ, et infantibus eorum Arnaldz, Bernard et Raymond, sos filius, an jurada al vescomte et a Ceciliæ, uxori suæ, et infantibus eorum, lor vida et lor membra e lor castels, aizi lor tenrau per tots tans, et autor jurat lo castel d'Arifat las forsas que i so, ne adenant i seran, que nolli tolan, et quellor redon persomonimentz quel lor ne faran per lor, o per lors messages et ses hom o fenma qui lor tolla, ni lor ne tolla ver, et fidel adjutori lor en seran, senes engan et senes lucredaver tro cobrat laion aquest sagrament del castel d'Arifat lor tenrem, et lor en tendran tro li senior d'Arifat jurat laion per ben et per fe senes engans a quelque nominativat son

per laudament de Bernard de Miraval et de Guido Pelapol per
qual convenenza Arnald, Bernard et Raimond, sos fils, o an jurat
et o a jurat Peire Ermengaus et Willem, frater ejus e sez se el
len enganavon lor no portarion bona fe et Peire Amels et Wamels
et Pelecz de Sanc-Ginier et Sicards, sos fraire, et WILLEM SOBIRAZ
et ARNALD sos fraire et RAIMOND SOBIRAZ et ARNALD, sos fraire, et
RAIMOND SOBIRAZ, lor fraire, et Amelz Auriols et Isarnus, sos fils,
et Raouff et Raimond de Rocega et Watt, sos fraire, et Escafres
Peire, Ermengaus, et ISARNS SOBIRAZ et Bernard Moissetz non o
an jurat anne mandat lo vescomte et sa molher et sos enfans
metre en lor, et que lor daunz nosia aguest sacrament au fait
home d'Arifat al vescomte et a sa molher et à sos enfanz per
mandement dels seniors del castel de Ugo Ermengau de Paulin
et de Fredolon de Montredon et Arnald Bernard et de so fil.

Collection Doat, vol. CLXVI, fol. 114-116; Cab. des titres, Bibl. de
Richelieu.

DOCUMENT II, NOTES DE LA PAGE 2.
15 OCTOBRE 1122.

BERNARD DE SOUBIRAN *assiste à la donation du bourg vicomtal, accomplie par Elzéar et Engelrade, sa femme, en faveur de Bernard
Aton, vicomte de Béziers, et de Cécile, sa femme.*

Ego Elisiarius [1] et uxor mea Engelrada et infantes nostri,
guirpimus et absolvimus tibi Bernardo Atonis, Biterris vicecomiti,

1. Elzéar (seigneur de Castrics) avait épousé en 1122 ladite Engelrade, dame de
Sauvian, veuve de Guillaume Alfaric, seigneur de Thezan, de Saint-Nazaire, etc.,
et fille d'Agnès, dame du bourg vicomtal de Béziers, née de Gaucelin-Arnaud de
Béziers, seigneur dudit bourg vicomtal, vivant en 1053. Engelrade avait eu de sa

et uxori tuæ Ceciliæ et infantibus vestris et posteritati vestræ totum ipsum burgum vicecomitalem qui fuit de Guillelmo Arnaldi et quantum in illo habemus et habere debemus. Scripta fuit hæc carta idus octobris, anno Domini millesimo centesimo vicesimo secundo, regnante rege Lodovico; S. Petri Rainardi de Biterri et Bernardi de Biterri; S. Alcherii de Teciano (Thezan) et Bertrandi de Salviano (Sauvian); J. Guillelmi Guitardi et Bernardi Sobiran ab Elisiaro per se et suos rogatus Stephanus Sicfredi scripsit.

Coll. Doat, vol. CLXVI, fol. 142 et verso; Cabinet des titres, Bibl. de Richelieu.

DOCUMENT III, NOTES DE LA PAGE 3.

SEPTEMBRE 1231.

Vente consentie par Adam de Miliac, chevalier et lieutenant du roi en Languedoc, au profit de Pierre Raymond, abbé de Saint-Pierre de Caunes. Les biens aliénés provenaient des confiscations opérées sur plusieurs chevaliers entachés d'hérésie et notamment sur Bernard de Soubiran.

Noverint universi præsentem cartam inspecturi, quod nos Adam de Miliacho, miles, tenens locum domini regis Franciæ

première union un fils nommé Arnaud, seigneur des châteaux de Thezan, de Saint-Nazaire, de Saint-Marcel, de Sauvian, de Porclan et autres lieux, aux diocèses de Béziers et de Narbonne, marié par contrat du 19 décembre 1105 à Matheline, fille aînée de Bernard Athon, vicomte de Béziers, et de Cécile de Provence, sa femme. A ce contrat, passé en présence du vicomte et de la vicomtesse de Béziers, apposèrent leur sceau Guillaume de Sauvian et Bermond de Thezan. Comme il résulte de l'acte ci-dessus, des liens d'étroite parenté unissaient les signataires et témoins à l'antique race des vicomtes de Béziers, et il n'est pas douteux, dès lors, que Bernard Soubiran ne fût lui-même proche parent de ces grands feudataires.

in partibus istis, pro domino rege Franciæ, vendimus et perpetuo
adquitamus monasterio Sancti Petri Caunensis et vobis domino
P. R. abbati Caunensi et toti conventui ejusdem monasterii, pre-
senti et futuro, totum honorem et hæreditagium quod dominus
rex et baillivi sui usque ad istum diem, quo hæc scribitur carta,
habuerant et tenuerant in feodo dicti monasterii ratione faiditorum
et hæreticorum, sicut in præsenti carta subscribitur; videlicet
terram Bernardi Pontii, militis, faidati et postea reconciliati,
qui habebat in villa de Caunis tres domos, valent. per annum
vigenti quatuor solidos, et in domo S. de Clamos albergam duorum militum, valent. duos solidos, sex denarios melgorienses;
et in domo P. Gairldi albergam duorum militum valent. duos
solidos, sex denarios; in domo B. Giffredi, pro censu duodecim
denarios; in orto B. de Bolonaco pro censu duodecim denarios, et
pro censu terrarum septem sextarios et eminam ordei; . . . . .
S. Petrus, R. de Cellavinaria faiditus, miles, habebat in villa de
Caunis unum hominem cujus tallia valet tres solidos; S. Mansus
Johannis de Viridario et patulum, quod tenet Aladaicis, uxor
quondam R. Siredi, ratione hæresis, valent per annum quinque
solidos; S. Mansus B. Sobirani pro hæresi valet per annum octo
solidos; S. Mansus Pontii de Caunis pro hæresi valet per annum
duos solidos; S. Mansus Petri Charimai valet per annum tres
solidos; S. Mansus Guillelmi de Mirapice si construeretur, valet
duos solidos; S. Ortus Johannis de Viridario pro hæresi valet
quatuordecim denarios; S. Ortus Pontii Olerii pro hæresi valet
quatuordecim denarios . . . .
Hæc omnia prænominata fuerunt adempliata coram nobis ad
valorem vigenti et septem librarum, septem solidorum, septem
denariorum melgorensium per annum, quæ omnia vobis vendimus pro domino rege propter sexaginta libras melgorienses. .

. . . .

Datum Biterris, anno Domini millesimo ducentesimo trigesimo primo, mense septembris.

Coll. Doat, vol. LVIII, fol. 303-308; Bibl. de Richelieu, Cab. des titres.

DOCUMENT IV, NOTES DE LA PAGE 3.

3 DES NONES DE NOVEMBRE 1240.

Acte par lequel Pierre, abbé de Caunes, et les religieux renoncent au droit d'incorporer aux terres du couvent les biens des habitants de Caunes qui trépassaient sans enfants ou « ab intestat ».

In nomine sanctæ et individuæ Trinitatis. Quoniam labilis est hominum memoria propter continuos defectus, quos cotidie patitur miser homo, cujus dies pauci vitaque laboriosa; idcirco introductum est testimonium scripturarum ut, per authentica scripta quæ in contractibus adhibentur, tollatur omnis ambiguitas et resultet certitudo perhennis ad faciendam fidem perpetuam præsentibus et futuris, unde hoc instrumentum super his quæ in eo comprehenduntur confectum est ad perpetuam memoriam conservandam. Porro quia certa fide tenemus ac luculentis sanctorum patrum traditionibus edocemur Dei filium pro salute humani generis hominem factum et in cruce passum ut jugum nostrum dissolveret, ac nos de potestate eriperet tenebrarum; idcirco nos, Dei miseratione abbas Caunensis, totusque conventus ejusdem monasterii, divino igne accense caritate Christi inflamamur et provocamur exemplo, ad tollendum onus a nostris hominibus de Caunis quod eis videtur importabile maxime, nisi ab ipsis et per ipsos indemnitati nostri

monasterii provideretur, quos et in defendendo jure et fidelitate
nostra tuenda constantes invenimus extitisse, sicut rerum expe-
rientia manifestat. Omnes autem quod sibi importabile dicunt et
gravem consuetudinem præsenti scripturæ duximus annotan-
dam, quæ talis est : Quia nos et antecessores nostri hoc jure et
hac consuetudine usi sumus, ex potestate dominii, quod si quis
vel si qua in villa de Caunis decederet sine legitimo hærede, filio
scilicet, vel filia, omnia ipsius bona mobilia et immobilia ad nos
et ad monasterium nostrum totaliter devolvebantur; nec pro-
derat et si faceret testamentum et bona sua relinqueret extra-
neis, vel propinquis. Item et erat si talis decederet intestatus,
ex quo filium vel filiam non haberet. Item non perficiebat et
quidquam si propinquos haberet alios, excepto fratre, vel sorore
cum quo vel cum qua nondum hæreditatem diviserat; tunc enim
si talem fratrem vel sororem haberet, tamen eo casu superstes
frater vel soror ad bona decedentis admittebatur libere ex testa-
mento vel ab intestato ex quo, dum viverent, nondum diviserant
bona sua; hanc itaque consuetudinem, tanquam importabilem,
tota universitas hominum nostrorum de Caunis aboleri per nos
humiliter requisivit; ita quod ex nunc et in posterum penitus
tolleretur, præcipue postquam ipsi homines indemnati monasterii providebant. Nos igitur prædicti abbas et conventus de
Caunis, Deum habentes præ oculis, devotionem et fidelitatem
ipsorum proborum hominum nostrorum de Caunis attendentes,
considerantes et incommoda quæ ex hac consuetudine poterant
monasterio pervenire, si duraret, pensantes et commoda et utili-
tates quæ obvenient, si tollantur, inspecto etiam fructu et utilitate
provisionis et recompensationis quam monasterio faciunt homines sæpefati, prout inferius continetur; prædictam consuetudinem, habito multorum prudentum consilio, pro honore Dei et
beati Petri reverentia, et ut homines nostros supradictos ad fide-

litatem nostram defendendam ferventius immutemus petitioni
ipsorum duximus annuendum. . . . .
Idem concedimus et intelligi volumus, si prædicti homines de
Caunis aliquid possident vel in posterum possidebunt in territoriis vel terminiis vel decimariis de Troso, de Abrex, de Campo
Longo, de Aufreriis, de villa Ramberto, de villa Gauzol et de
Cavaleda, quorum locorum domina intrant villam de Caunis,
. . . concedimus per nos et successores nostros omnibus
hominibus nostris de Caunis et omnibus habitantibus ibidem
videlicet infra muros, vel in barriis extra qui in posterum fient,
quod quilibet de bonis suis mobilibus et immobilibus quæ in
villa de Caunis, vel in ejus terminiis, vel territoriis, vel decimariis, vel in locis superius nominatis, in quibus consuetudo amputata est nunc habet vel possidet vel in posterum habebit vel
possidebit testandi et dimittendi cuicumque voluerit, exceptis
sanctis et locis religiosis et militibus, liberam habeant facul-
tatem. . . Et nos homines supradicti de Caunis universi et
singuli de tanto beneficio, de tali et tam gravi consuetudine sic
sublata, in primis Deo omnipotenti gratias agimus et vobis
dominis nostris, videlicet et domino Petro, nunc abbati et toti
conventui de Caunis regratiamur quantum possumus in hac
parte; . . Damus enim decem milia solidorum melgorensium
de quibus emantur honores, qui cedant in plenum jus et pro-
prietatem vestri monasterii imperpetuum in recompensationem
tanti beneficii et tantæ gratiæ nobis factæ super prædicta consuetudine amputata; quod autem universa omnia supradicta et
singula tam de statutis vestris quam de decem milibus solidis
melgorensibus a nobis dandis pro emendis honoribus fideliter
observemus, nos Robertus Sigredi, Petrus Pujolli, Petrus Gui-
fredi, Arnaudus Scarbot, . . Petrus Nigri, . . Raymundus
de Portiano, . . Arnaudus de Olonzaco, Petrus de Caunis,

Petrus Isarni, Raymundus Pagesii, Raymundus de Pradis, Guillermus de Saissaco, Garinus de Olonzaco, Guillelmus de Barbayrano, Guillermus Galardi, BERNARDUS SOBIRANI, Arnaudus Ermengaudi, Guillermus de Villaglino, Petrus Narbones, Petrus Gayraudi, Guillermus Ermengaudi, Michel Bartholomei, Petrus Berengarii, Raymundus Rocardi, Guillermus Franc, Petrus Guiffredi, parator, Raymundus Pellicarpi, Raymundus de Requilina, Bernardus Despinaceria, curaterius, Petrus Pastoris, etc., pro nobis et pro tota universitate hominum de Caunis, de ipsorum speciali mandato et ipsis præsentibus, super sancta Dei evangelia, a nobis corporaliter tacta, gratis et sponte juramus nos et omnia bona nostra et successores nostros, quantum possumus, solemniter obligantes, promittentes in virtute præstiti sacramenti, quod nulla arte, nullo ingenio, nulla querela, nulla conventione, vel pacto per nos vel per alium, contra prædicta vel eorum aliquod nullo unquam tempore veniemus..... Acta fuerunt hæc in præsentia prædictorum omnium et sub testimonio illorum, qui ad hoc vocati fuerunt sicut superius nominantur, et Andreæ de Amantianis, publici notarii Caunensis pro domino abbate, qui hanc cartam, in consistorio monasterii de Caunis, recepit, de mandato domini abbatis et conventus de Caunis et universitatis villæ Caunensis et fieri præcepit. Unde ego Petrus Adam de Carcassona, vice et mandato prædicti Andreæ de Amantianis, notarii publici de Caunis, hanc cartam scripsi, anno Domini millesimo ducentesimo quadragesimo, tertia nonas novembris, regnante Lodoyco rege; et ego idem Andreas de Amantianis, notarius publicus de Caunis, pro domino abbate subscribo et sic scribere fecit.

Coll. de Doat, vol. LVIII, fol. 319-328; Cabinet des titres, Bibl. de Richelieu.

DOCUMENT V, NOTES DE LA PAGE 4.

17 DES CALENDES DE JANVIER 1236.

Extrait de l'hommage rendu à Jean de Montlaur, évêque de Mague-
lonne, par Jacques, roi d'Aragon et de Majorque, comte de Barce-
lone et d'Urgel, seigneur de Montpellier, à cause de cette ville et
du château de Palude dont il était seigneur. Bérenger de Soubiran
fut témoin de cet acte de vassalité effectué par un souverain.

Littera super homagio facta a rege Aragonum, pro feudo vil-
larum de Montepessulano et de Latas, episcopo Magalonensi.

Certum et indubitatum est quod Jacobus, Dei gratia illustris
rex Aragonum et Maioricarum, comes Barchinonæ et Urgelli, et
dominus villæ Montispessulani, filius quondam illustris Mariæ
reginæ Aragonum et dominæ Montispessulani, fecit domino
Johanni de Montelauro, eadem gratia Magalonensi episcopo,
homagium, pro villa Montispessulani et castro de Palude, quod
vulgo dicitur Latas, quæ ab episcopo Magalonensi tenet in feo-
dum in modum infrascriptum. Nos Jacobus, Dei gratia rex Aragonum, etc.

Actum, in ecclesia Sancti Firmini in Montepessulano, in præsentia et testimonio Raymondi Berengarii, viri clarissimi comitis
Provinciæ, Arnaldi de Rocafolio, Berengarii de Cervaria, Assaliti
de Goza, Jordani de Poma, Issemini de Fouzeres, Palaizini
Ancelmeti Fer, Berengarii de Montedisderio, Bertrandi de Giniaco,
Petri de Fabricis, filii Bertrandi de Montelauro, Philippi de Vil-
lanova, Dalmatii de Montcarnaldo, militum, Guillelmi de Salis,
jurisperiti, Berengarii de Sobeirascio, Berengarii de Fabricis, Ray-
mundi Ruyset, etc.

Coll. Doat, vol. LXXII, fol. 129-135; Bibl. de Richelieu, Cab. des titres.

DOCUMENT VI, NOTES DE LA PAGE 4.

2 DES IDES D'AVRIL 1297.

Statuts de Pierre Bernard, abbé de Montaulieu, qui règle la pitance des moines pour tous les jours de l'année. En ce temps-là, BÉRENGER DE SOUBIRAN était religieux dudit couvent.

. . . .

Et ego Guillelmus Arnaldi, cellarius prædictus, pro me et meis successoribus, nomine administrationis meæ, de licentia et authoritate domini abbatis et conventus prædictorum, omnibus præmissis et singulis consencio et ex certa scientia quantum de jure possum usu et consuetudine istius monasterii Montis Olivi, laudo et approbo omnia et singula quæ superius continentur. Nomina vero fratrum prædictorum de conventu, nunc præsentium, qui prædicta omnia laudaverunt, approbaverunt et eis omnibus consencerunt sunt hæc videlicet : P. prior claustralis et infirmarius; G. Stephani, prior de Villario; Villarius, prior de Aquis Vivis; Pontius Jordani, prior de Brucis; B. Aimerici, camerarius; G. Arnaldi, cellararius; G. de Caneno, præcentor; B. Boneti, prior de Cescairolis; Bertrandus de Fressaco, operarius; Sicardus de Vinssano; G., sacrista; Arnaldus de Monte Alto; Raymundus Caputbovis; G. Fortis; BERENGARIUS SOBIRANI; Geraldus Jordani; Bernardus Tabaci; Isarnus de Barbairano; B. de Varanhano, Albertus de Castellione et Petrus Dalmacii. Acta fuerunt hæc in capitulo dicti monasterii anno ab Incarnatione Christi millesimo ducentesimo nonagesimo septimo, regnante Philippo, rege Francorum, secundo idus aprilis, in præsentia et testimonio domini Pontii de Sancta Valeria presbiteri, Philippi Marqueta, clerici de Sancta Eulalia, et Bernardi de Salarco, clerici de Electo, et mei Petri de Villario, notarii publici Montis Olivi, qui requisitus hanc cartam recepi et scripsi et signo meo signavi.

Et ad majorem præmissorum omnium roboris firmitatem nos abbas et conventus prædicti sigilla nostra huic præsenti instrumento publico duximus apponenda.

Coll. Doat, vol. LXIX, fol. 274-284; Bibl. de Richelieu, Cab. des titres.

Document VII, note de la page 5.

16 août 1327.

Les consuls de Montaulieu firent appel devant le sénéchal de Carcassonne d'une sentence qui condamnait une femme adultère non-seulement à être promenée nue, mais encore à l'exil perpétuel et à la confiscation. Ce jugement violait une convention, autrefois passée avec Ozilius, abbé de Montolieu, BÉRENGER DE SOUDIRAN, prieur d'Aigues-Vives, etc. Une clause de cet accord appliquait simplement audit crime une amende de soixante livres.

Anno dominice Incarnationis millesimo trecentesimo vicesimo septimo, die sexta decima augusti, domino Karolo, rege Francorum et Navarræ regnante. Noverint universi præsentes pariter et futuri, quod existens reverendus pater in Christo dominus Ozilius, Dei gratia abbas monasterii Montis Olivi, diocesis Carcassonæ, in capitulo dicti monasterii una cum conventu ejusdem monasterii ad infrascripta per eumdem vocato et specialiter congregato, videlicet cum religiosis viris fratribus Guillelmo de Lupiano, priore claustrali et præcentore; Vascone de Ruppe, camerario; Guillelmo de Alsona, sacrista; Bertrando Calhonelli,

infirmario, pro se et nomine domini Berengarii Sobirani, prioris
de Aquis Vivis; Guillermo Arnaudi, priore de Cucinerio; Arnaudo
de Ruppeforti, priore de Villario; Bernardo Boneti, priore
Sancti Michallis de Cestayrollis; Petro de Barre, elemosinario,
pro se ut dixit et nomine procuratorio fratris Augerii de Barre,
prioris de Villanafrano; Guillermo Alfanti, thesaurario, Gui-
raudo de Gluiano, decano; Petro Arnaudi; Guillermo Mora;
Petro Pictavini; Guiraudot Peyrola; Raymundo ! Caputbovis;
Raymundo Boneti; Alberto de Lissaco; Bertrando de Palajano et
Petro Daygualada, monachis monasterii Montis Olivi, et Aze-
mario Bovis, domicello, procuratore fratris Ysarni de Altovullo,
prioris de Amancianis, conventum ejusdem monasterii facientibus
et repræsentantibus; idem dominus abbas dixit tractatam esse
compositionem infrascriptam una cum magnifico et potente viro
domino Radulpho Chaloti, milite, reformatore per regiam
majestatem ad partes senescalliarum Carcassonæ et Tholosæ
deputato, cujusquidem compositionis copiam eidem hostendit
et notificavit, et ejusdem tenor sequitur in hæc verba . . . . . .

. . . .

Acta fuerunt hæc in capitulo monasterii Montis Olivi in præsentia et testimonio venerabilis viri domini Johanni Marchi,
legum doctoris, rectoris ecclesiæ beati Michaelis Carcassonæ,
magistri Arnaldi Garcie, jurisperiti commorantis Carcassonæ, et
magistri Bernardi Guitardi, quondam de Monte Olivo, notarii
publici auctoritate regia, qui hanc cartam recepit et in suo libro
seu registro posuit, atque scripsit. Ipso autem morte prævento
instrumentum formam publicam quod appareat in nota prædicta de prædictis non extraxit. Ego autem Victalis Durandi,
clericus, vice, nomine ac mandato magistri Johannis Coste,
notarii publici auctoritate regia in locum dicti magistri Bernardi
Guitardi, quondam notarii auctoritate judiciaria subrogati,

hanc cartam de nota prædicta fideliter sumpsi et extraxi, atque scripsi, anno Domini millesimo trecentesimo quadragesimo sexto, die sexta novembris, domino Philippo, rege Franciæ regnante; ego autem Johannes Costa, publicus notarius memoratus auctoritate qua supra, hic me subscribo et signo.

Coll. Doat, vol. LXIX, fol. 311-318 v°; Bibl. de Richelieu, Cabinet des titres.

Document VIII, NOTE DE LA PAGE 6.

15 AVRIL 1306.

Supplique adressée au collège des cardinaux de Sainte-Cécile d'Alby, les religieux de Gaillac, pour faire modérer le zèle implacable avec lequel les inquisiteurs sévissaient contre le peuple. Parmi les mandataires de la ville d'Alby, on remarque PHILIPPE DE SOUBIRAN.

Noverint universi hoc instrumentum publicum inspecturi, quod nos Petrus de Baro, Arnaldus Galinerii, Joannes Pairolerii, Johannes Talheferi, Guillelmus Amati, Johannes Guidonis, Michael Talheferri, Guillelmus Olery, Guillelmus Pic, Bernardus Isarnici, consules civitatis Albiæ, pro nobis et aliis consulibus et universitate ejusdem civitatis, de consilio et assensu magistri Gregorii Malerii, jurisperiti, Petri Stephani, Joannis Vierna, Isarni Saladini, consiliariorum nostrorum et dictæ civitatis ad hoc præsentium, præsentibusque et volentibus Bernardo Rigaudi, Guillelmo Brose, Raymundo Talheferri, Bernardo Amati, Raymundo de Cles, Joanne de Valle, Raymundo de Rodez, Ayssola Donadei, Guillelmo de Landas, Petro Serras, Joanne Martini, Laurentio Espeuca, Raymundo judicis, Bernardo Comitis. . . . civibus dictæ civitatis. Nos omnes prænominati consules simul

facimus, constituimus et creamus certos et indubitatos procuratores et syndicos, iconomos et actores nostros et universitatis
dictæ civitatis quemlibet eorum in solidum, ita quod non sit
melior conditio occupantis, quotiens nos abesse contigerit, Philippum Obrici, domicellum, Bernardum Fenasse, Isarnum Rai-
naudi, Berengarium Molinerii, Johannem Vierna, Bartholomeum
Maurelli, Philippum Soubiran et Guiraudum Colli, præfatæ civitatis,
ad negotia et ad lites et ad defendendum libertatem ejusdem
civitatis, et in omnibus causis et singulis, motis vel movendis
per quascumque personas contra nos, vel contra dictam universitatem, vel per nos, vel per dictam universitatem contra
quascumque personas cujuscumque status, dignitatis, sexus
vel conditionis existant coram curia seu judicibus quibus-
cumque quocumque nomine censeantur in judicio et extra,
dantes et concedentes dictis procuratoribus nostris, sindicis,
iconomis, actoribus et dictæ civitatis et eorum cuilibet in
solidum plenam et liberam potestatem, speciale et generale
mandatum agendi, defendendi, excipiendi, replicandi, conve-
niendi, reconveniendi, judicem seu judices recusandi, libellum
seu libellos petendi vel offerendi, litem contestandi, judicis offi-
cium implorandi, litteras seu judices impetrandi, de calumnia
seu de veritate dicenda in animas nostras, jurandi et subeundi
cujuslibet alterius generis juramentum, expensas petendi, jurandi
et recipiendi, apellandi semel et plures et quandocumque eis
vel eorum alteri videbitur expedire, interlocutorias seu defini-
tivas sententias audiendi et demum universa et singula faciendi,
exceptis salvis et retentis nobis transactione, compositione quas
per eos vel aliquem eorum posse fieri nolumus sive nobis quæ
nos faceremus vel facere possemus si præsentes personaliter ades-
semus, et quæ veri et legitimi seu veri procuratores, sindici
iconomi, seu actores facere possunt et debent ratum et gratum

perpetuo habituri pro nobis et dicta civitate et universitate ejusdem quidquid per dictos procuratores nostros, sindicos, iconomos seu actores, vel alterum eorumdem super præmissis vel altero præmissorum actum, defensum, procuratum fuerit, vel aliter modo quolibet ordinatum, etc. Actum Albiæ nono kalendas februarii, anno Domini millesimo trecentesimo quinto, in præsentia et testimonio magistri Petri Guidonis, magistri Guillelmi Obrici, Duranti de Salis, Duranti Teulerii, de Albia, et mei Guillelmi Gorgaldi, publici notarii Albiensis qui dictam stipulationem recepi.

Coll. Doat, vol. XXXIV, fol. 42-80; Bibl. de Richelieu, Cabinet des titres.

DOCUMENT IX, NOTE DE LA PAGE 7.

FÊTE DE SAINT MARTIN 1318.

Sentence prononcée par Barthélemy, évêque d'Alet, Henri de Chamay, Pierre de Brun, inquisiteurs de Carcassonne et de Toulouse, ainsi que par les grands vicaires de Narbonne, de Béziers et de Castres. Ce jugement inhibait aux prisonniers, relaxés après abjuration, de se purifier par des pratiques et des pèlerinages expiatoires. Au nombre de ceux et celles qui furent condamnés à porter certains stigmates et à faire de pieux voyages, se trouvent Jacobie Sobirane, femme de BERTRAND DE SOUBIRAN.

Educti de muro cum crucibus.

In nomine Domini, Amen. Nos Bartholomeus, Dei gratia episcopus Electensis, fratres Henricus de Chamayo Carcassonensis, P. Bruni Tholosanensis, inquisitores, Germanus de Alamanho, Joannes de Castanherio, Bertrandus de Auriacho et

Petrus Deodati, reverendorum patrum dominorum Dei gratia Narbonensis, Biterrensis et Castrensis archiepiscopi et episcoporum
prædictorum vicarii seu commissarii antedicti, ut præmittitur
deputati, attendentes quod infrascriptæ personæ, aliquandiu
commoratæ in muro, eisdem dudum pro his quæ confessæ fuerant se in crimine hæresis commisisse sententialiter pro carcere
assignato nostris ecclesiæ humiliter paruere mandatis, propter
quod se fecerunt et reddiderunt merito dignas gratia aliquali,
ipsas a muro prædicto duximus misericorditer relaxandas, injun-
gentes eis et imponentes, in commutationem pœnæ dicti muri,
in aliam infrascriptam in et cum his scriptis cruces et pœnitentias infrascriptas, et quæ suarum pœnitentiarum litteræ eis
tradendæ plenius continebunt, retenta nobis et nostris in hoc
officio successoribus libera potestate seu facultate eas et earum
quamlibet reducendi seu revocandi ad murum prædictum et
sine omni nova causa vel culpa, et muttandi, aggravandi, miti-
gandi prædictam pœnitentiam aut in aliam commutandi, aut
etiam totaliter remittendi, si et prout et quando nobis vel nostris
successoribus visum fuerit expedire. Nomina vero dictarum
personarum quibus dictam gratiam facimus et dictas cruces et
pœnitentias infrascriptas imponimus, subjungimus ac etiam
declaramus; primo videlicet :

+ C. Domino Joanni Vasconis de Castro Montineacentis,
  presbitero, dio. Narb.

+ C. Pontio Helic de Laurano, dio. Narb.

+ C. Petro de Montelauro de Narbona, dio. Narb.

+ C. Guillelmo Carterii, de Narbona, dio. Narb.

+ C. Joanni Dalmatii, de Narbona, dio. Narb.

++ C. Guillelmo Ademari, de Narbona, dio. Narb.

++ C. Guillelmæ Savila, de Narbona, dio. Narb.

+ + C. Mariæ Cusada, de Narbona, dio Narb.

+ + C. Astrugæ Cutsada, de Narbona, dio. Narb.

+ C. Petro Dayssimi, de Biterris, dio. Bitter.

+ C. Aladaïci Biassa, de Salviaco, dio. Bitter.

+ + C. Deodati Marcelli, de Lodova, dio. Bitter.

+ C. Berengaria Donas, de Narbona.

+ C. Jacobæ Sobirana [1], de Carcassona, dio. Carc.

. . . .

Cum dictis crucibus imponimus et nomine pœnitentiæ injungimus ut, in detestationem criminis, erroris veteris, in omni veste sua, excepta camisia, portent perpetuo dictas duas cruces de filtro crocei coloris, unam videlicet anterius in pectore et aliam posterius inter spatulas, sine quibus prominentibus et apparentibus infra domum et extra de cætero non incedant, easque refficiant, si rumpantur, et eas renovent si et cum fuerint vetustate consumptæ, quarum quantitas sit secundum traditam sibi formam, videlicet duorum palmorum et dimidii in longitudine brachium longum et duorum palmorum alia duo brachia scilicet transversalia, habeatque quodlibet brachium in se trium amplitudinem digitorum; visitent insuper semel limina ecclesiarum beatorum apostolorum Petri et Pauli Romæ, Sancti Jacobi Compostellæ in Galicia, beati Thomæ Cantuarensis in Anglia, Trium Regum in Colonia, Sanctæ Mariæ de Podio de Valle Viridi de Tabulis in Montepessulano, de Serinhano, de Rupe-Amatoris, de Parisius, de Carnoto, de Pontizara, de Solhaco, de Bolonia supra mare, Sancti Dionisii, Sancti Ludovici in Francia, Sancti Egidii in Provincia, Sancti Guillelmi in deserto, Sancti Martialis, Sancti Leonardi Lemovicensis, diocesis

---

1. Comme on le verra au document suivant, Jacobie ou Jacquette de Soubiran de Sobirane était femme de Bertrand de Soubiran.

et Sancti Vincentii de Castris. Visitent etiam, dum vixerint, annis singulis ecclesiam cathedralem suæ civitatis et diocesis in festo majori ejusdem, testimoniales litteras de singulis locis prædictis ab illo qui dictæ ecclesiæ deservierit reportantes. Confiteantur etiam ter in anno peccata sua proprio sacerdoti curato, videlicet ante Pascha, Pentecostes et Nativitatem Domini, et in eisdem festivitatibus communicent nisi abstinuerint de proprio consilio sacerdotis, audiant missas parrochiales ex integro diebus dominicis et festivis et sermones qui fient in locis in quibus fuerint quandocumque, nisi valeant legitime excusari, et in missis eisdem sacerdotibus eas celebrantibus inter Epistolam et Evangelium cum virgis in manu publice se præsentent et disciplinam recipiant ab eisdem; sequantur etiam processiones, quæ fient in locis in quibus fuerint quandocumque inter clerum et populum, virgas in manibus deferentes, et ab illo qui processioni præfuerit disciplinam recipiant in ultima statione; ab omni servili opere abstineant diebus dominicis et festivis, colendis decimas, præmicias, camalagia, oblationes, legata et alia jura Ecclesiæ persolvent nec ea modo quolibet retinere præsumant, usuras vel rapinas per se vel per alium non exerceant. Sed si aliquid ex inde receperint vel habuerint, restituant; auguria, divinationes et sortilegia non exerceant vel observent ac alio publico officio de cætero non fungantur. Præterea persequantur hæreticos credentes et fautores eorum quocumque nomine censeantur et fidem catholicam tueri studeant toto posse, et prima dominica cujuslibet mensis præsentes litteras proprio capellano præsentent, et eas sibi legi et exponi vulgariter faciant ut per quid facere et quibus abstinere debeant fieri valeant certiores. Hæc autem eis injungimus retenta nobis et nostris in hoc officio successoribus libera potestate addendi, minuendi, mutandi in prædicta pœnitentia sive pœna si et quandocumque nobis seu ipsis successoribus visum fuerit expedire vel ipsos superius nominatos sine omni nova causa vel culpa ad dictum carcerem reducendum.

Lata fuit hæc sententia anno, die, indictione, loco, pontificatu et præsentibus testibus et notariis antedictis, et magistro Menneto de Roberticuria, Tullensis diocesis notario superius auctoritate apostolica et regia publico, qui præmissis interfuit et hæc manu sua propria conscripsit in nota, vice cujus ego Johannes de Logia, presbiter Trecensis diocesis, præmissa de ipsa nota extraxi et hic fideliter transcripsi de ipsius magistri Menneti voluntate et mandato venerabilis in Christo patris fratris Henrici de Chamayo inquisitoris hæreticæ pravitatis prædicti.

Coll. Doat, vol. XXVII, fol. 1, V° 7, R°; Bibl. de Richelieu, cabinet des titres.

DOCUMENT X, NOTE DE LA PAGE 7.

1er DIMANCHE DE CARÊME 1326.

Déposition de Jacobie ou Jacquette Sobirane, veuve de BERTRAND DE SOUBIRAN, *au sujet des béguins brûlés à Béziers et à Marseille. Cette secte s'était principalement recrutée parmi les frères mineurs.*

Sententiæ latæ in Carcassona anno ab Incarnatione Domini millesimo trecentesimo vicesimo sexto, dominica prima Quadragesimæ mense martii : . . . .

Sequuntur culpæ vivorum immurandorum.

. . . .

Jacoba Sobirana, uxor quondam BERTRANDI SORIRANI, de burgo Carcassonæ, sicut per ipsius confessionem factam in judicio, sub anno millesimo trecentesimo vicesimo quinto, legitime constat antequam fratres minores Carcassonæ qui portabant habitum curtum fuissent citati ad curiam, ipsa quæ loquitur quandoque confitebatur fratri Raymundo Johannis apostatæ prædicto, et postquam citati fuerunt et ipse frater Raymundus accedere voluit ad curiam, dimisit ipsi loquenti aliquas de vestibus suis custodiendas si rediret, vel si non rediret ad faciendum voluntatem suam. Item postmodum audivit quod dictus frater Raymundus et alii socii sui fuerant coram domino papa et postea fuerant per inquisitorem Massiliæ pœnitentiati et ad diversa loca transmissi. Item post prædicta per aliquot annos dum dictus frater Raymundus apostatasset, et ipsa loquens hoc audivisset, visitavit dictum fratrem Raymundum apostatam apud Montemregalem, et interrogavit eum quare dimiserat ordinem suum, qui dixit quod propter timorem carcerum fratrum suorum et quod fratres quatuor qui fuerant combusti Massiliæ condemnati fuerant quia volebant tenere paupertatem. Item dixit ipsa loquens se audivisse a dicto fratre Raymundo et aliis, antequam citati fuissent, quod non debebant nec volebant habere granaria nec cellaria, nec aliqua reservare et hoc ipsa credidit sicut dixit, et credebat ipsos fratres esse bonos homines. Item dixit sibi dictus apostata in Monteregali, quod ipse primo obediverat domino papæ et quod fuerat sibi data una litera in qua mandabatur ire ad inquisitorem Massiliæ, et quia timebat incarcerari per eum aufugerat. Item dicto apostatæ dedit circa decem solidos. Item cum dictus frater Raymundus diceret se velle venire Carcassonæ, ipsa rogavit eum quod non declinaret ad domum suam ne caperetur per alios fratres suos, etc.

Coll. Doat, vol. XXVIII, fol. 176-243 v°; Section des Mss.; Bibl. de Richelieu.

DOCUMENT XI, NOTES DE LA PAGE 14.

ANNÉE 1302.

Cinq membres de la maison de SOBIRAN sont inscrits sur le livre des recettes dressé par le procureur royal de la sénéchaussée de Carcassonne, et relatant les amendes infligées aux hérétiques albigeois.

Hæc sunt pecuniarum summæ per dominum P. Radulphi, olim procuratorem domini regis super incursibus hæresis in senescallia Carcassonæ, seu per ejus substitutum, de debitis condempnatorum Albiæ pro crimine hæresis, levatis ad manum domini regis tanquam ad manum superiorem, contentæ in composito reddito per ipsum nobili viro domino Johanni de Alneto, militi, tunc senescallo Carcassonæ et Biterris, et magistro Tancredo, tunc thesaurario Carcassonæ domini regis, sub anno Domini millesimo trecentesimo secundo ab octavis beati Johannis Baptistæ usque ad eumdem terminum anno Domini millesimo trecentesimo quinto.

. . . .

A RAYMUNDO SOBIRANI, de Paulinesio. . . . . . . XVIII s.

. . . .

A PETRO SOBIRANI de Villafranca. . . . . ix s.

A RAYMUNDO SOBIRANI, de Paulinesio . . . . XX s.

. . . .

A GUILLELMO SOBIRANI, de Polonio. . . . . XVIII s.

. . . .

A BERNARDO SOBIRANI, de Polinh. . . . . XXX s.

A RAYMUNDO SOBIRANI, de Cadelonio . . . . xi s.

. . . .

Coll. Doat, vol. XXXIII, fol. 207-273; Cab. des titres, Bibl. de Richelieu.

Document XII, notes de la page 16,

14 DES CALENDES DE JANVIER 1304.

*Lettres d'Égidius, évêque de Narbonne, qui admet Amalric, vicomte de cette ville, à lui faire hommage en présence d'*Amblard de Soubiran *chevalier, et d'autres seigneurs.*

. . . .

Reverendissimo patri domino suo carissimo domino E., divina Providentia sanctæ Narbonensis ecclesiæ archiepiscopo, miseratione divina B. Biterrensis et R. Agatensis episcopi, G. abbas ecclesiæ Sancti Pauli Narbonæ et R. de Pollano, archidiaconus Fenolheti, canonici Narbonensis, procuratoresque venerabilis capituli Narbonensis, cum omni exhibitione reverentiæ et honoris se ipsos donationis vestræ litteras super receptione homagii et recognitionis feudi nobilis viri vicecomitis Narbonæ, ac remissione commissi per manum discreti viri domini G. Vidrini, capellani et familiaris vestri, recepimus grata manu, quibus per nos dictos episcopos Biterrenses, ubi tunc eramus, receptis et diligenter inspectis deliberamus senio et debilitati venerabilis patris domini episcopi Magalonensis defferre et convenire hodierna die mane in monasterio Vallismagnæ, diocesis Agathenis, quod per litteras nostras et dictum dominum Guillermum significavimus prædictis domino Magalonensi episcopo et capitulo Narbonensi, dictis siquidem die, hora et loco convenimus. Nos episcopi et procuratores præfati, prælibato domino Magalonensi episcopo excusante se, quod propter infirmitatem, quam patitur, ad dictum locum seu alium venire non poterat ullomodo, ubi post longum tractatum deliberatione inter

nos habita diligenti et pensatis omnibus quæ circa hæc fuerant
attendenda, visum fuit vobis expediens et utile fore ecclesiæ
Narbonensis quod quam citius poteritis homagium et recogni-
tionem feudi recipiatis a dicto vicecomite Narbonæ, etiam cum
remissione commissi, et hoc sic fieri consulimus et ut sic fiat
nostrum præbemus beneplacitum et consensum. In quorum
consilii et assensus testimonium præsentes litteras sigillorum
nostrorum fecimus apponsione muniri. Actum et datum in dicto
monasterio Vallismagnæ, die lunæ post tertiam dominicam de
adventu anno Domini millesimo trecentesimo quarto. Post hæc
nos Gaucelinus, permissione divina Magalonensis episcopus,
attentis et consideratis quæ circa præmissa considerare scivimus
et pensare, visis etiam et intellectis his quæ per reverendos
patres dominos Dei gratia Br. Biterris et R. Agathensem episcopos, et venerabiles viros dominos G. abbatem Sancti Pauli et
R. archidiaconum Fenolheti, canonicos Narbonenses et procuratores venerabilis capituli Narbonensis, proviso deliberata sunt et
consulta, utilitati Narbonæ ecclesiæ expedire credimus et consulimus, quod ita fiat sicut ipsi consulunt faciendum, et his nostrum præbemus beneplacitum et consensum. In quorum testimonium sigillum nostrum apponi fecimus et appendi. Actum et
datum Muroveteri, Magalonensis diocesis, decimo octavo kalendas
januarii anno quo supra. Et nos capitulum ecclesiæ Narbonensis,
quod factum est in prædictis per venerabiles viros dominos
G. abbatem Sancti Pauli et R. de Pollano, archidiaconum Fenolheti, canonicos et procuratores nostros, ratum et gratum habentes
et nihilominus confirmantes, pensatis omnibus quæ circa prædicta fuerant attendenda, deliberationem venerabilium patrum
dominorum episcoporum et procuratorum nostrorum præfato-
rum credimus utilem et expedientem fore ecclesiæ Narbonensi,
et ut secundum deliberationem eorum fiat consulimus, et ut sic

flat nostrum præbemus beneplacitum et consensum. In quorum testimonium sigillum nostrum fecimus præsentibus his appendi. Actum et datum, in capitulo nostro Narbonensi, decimo quarto kalendas januarii, anno quo supra. In quorum omnium fidem robur et testimonium nos præfati archiepiscopus et capitulum præsentes litteras seu instrumentum publicum sigillorum nostrorum munimine roboramus. Concordatum fuit in vestiario novo Narbonensis ecclesiæ, ubi consuevit pro communibus tractatibus ipsius ecclesiæ congregari, et postea actum et datum in majori palatio archiepiscopali Narbonæ, præsentibus et congregatis in ibi domino archiepiscopo et capitulo supradictis, necnon et dicto domino Amalrico existente, in præsentia domini archiepiscopi memorati, anno Domini millesimo trecentesimo quinto, regnante domino Philippo, rege Francorum, quinto idus octobris, in præsentia et testimonio nobilium virorum dominorum Jordani, domini de Insula, Amalrici de Narbona, domini de Perinhano; Guiraudi de Rivo, Assaliti abbatis, AMBLARDI SOBIRANI, Sigarii et Berengarii de Petrapertusa, militum, et venerabilium virorum dominorum Andreæ, archidiaconi Sancti Flori, et Petri Girardi in Clarmontensi, Bertrandi Mathæi in Vivariensi et Durandi Rogerii in Sancti Affrodisii Biterrensi ecclesiis canonicorum; Clementis de Fraxino et Frischi Ricomanni, legum doctorum, magistrorum Guillermi Grossi et Guillermi Chausserii, jurisperitorum, Bernardi de Sancto Justo, Petri Bedocii, Bernardi Bardino et Bernardi Dalphini, burgensium, Guillermi Pagesii, Jacobi Clementis, Guillermi Serdani, Guillermi Foraville, notariorum Narbonæ, Petri de Prata, domini regis et publici Narbonæ notarii, et plurium aliorum virorum clericorum et laïcorum multitudinis copiose; ac mei Bernardi Cepiani, notarii Narbonæ publici, qui ad requisitionem domini vicecomitis memorati hæc omnia in nota recepi, sed vice mea Petrus de Carcassona, notarius hæc omnia scripsi †. Et ego idem Bernardus Cepiani, notarius prædictus, subscribo.

Coll. Doat, vol. XLIX, fol. 340-350 v°, Mss.; Bibl. de Richelieu, Cabinet des titres.

Document XIII, notes de la page 31.

20 novembre 1594.

Testament d'Adhémar ou Azémar de Soubiran, *seigneur d'Arifat.*

Au nom du Père, du Fils et du Saint-Esprit, amen. Moy, sous-signé, estant en bonne santé et en bon entendement, fais mon testament comme s'ensuit : L'an 1594, et le 20 du mois de novembre, me recommande à Dieu éternel comme le Père, le Fils et le Saint-Esprit estant un seul Dieu, et à la vierge Marie et mon bon ange qui me régit et gouverne; premièrement, moi, Azema de Soubiran, seigneur d'Arifat, veux et entends, après mon décedz, que mon corps soit ensevely au cœur de l'église saint Pierre d'Ariflat, à la sépulture de mes prédécesseurs; je veux et entends qu'il soit appellé les prêtres qui se pourront trouver et qu'il soit dit trois messes, l'une du Saint-Esprit, l'autre du nom de Jésus et l'autre des trépassés. Je veux et entends qu'il soit appellé un cordelier d'Alby pour prêcher à la messe, et, après la refection, que le cordelier et prêtres auront faite à chacun qui y sera ayent quatre sols et le cordelier ait trente sols. Je veux qu'il soit achetté du draps de Vabres vingt cannes pour donner à vingt pauvres qui porteront chacun un cierge en sa main, de demy livre chacun, et ceux qui se trouveront à ma sépulture qu'ils soient repeus, et ceux qui feront sonner les deux cloches donner au sonneur trois sols; je veux qu'il soit offert à Dieu auxdites trois messes un pain et une pinte de vin. Veux et entends qu'on appellera à la quarantaine tous mes parens et amis. Item je donne aux pauvres de Dieu de ma terre une métairie que j'ay à la Mariée perpétuellement; je veux qu'ils en jouissent moy vivant, ladite métairie, qui sont les terres qui ont été de Marson, laquelle métairie est arrentée à Remonde par six setiers de seigle et trois setiers d'avoine. Je veux et entends qu'il y ait une caisse au fond de l'église de Saint-Pierre d'Ariffat fermée et que ledit bled soit donné en pain par les consuls. Premièrement, je fais héritier des fruits et revenus de tous mes biens mon frère, le grand-prieur de Toulouze, et ma femme bien aimée, Mlle d'Ariffat, pour en jouir toute leur vie viduitement, et si l'un d'eux meurt l'un plutôt que l'autre, le dernier succédera audit héritage de tous les fruits et revenus, sauf que je veux et entends que mes enfans ou filles soient nourris sur lesdits biens, comme sera de raison, et vêtus, nourris et entretenus d'un cheval et valets. Et s'il estoit cas que ma loyale épouse et femme ne se contente pas de ce dessus, elle ait pension sur ce que j'ay à Saint-Jean-Jeaume et de tout ce que j'ay acheté de M. le vicomte de Paulin, et mes preds, bois et jardin et fief du Recteur, et aussy la vigne de Coudol et celle de Grateloup; aussy veux qu'elle ait la maison vielle, qui est devers le moulin, et pour faire bref, je donne à tous mes enfans, tant mâles que filles, la somme de quatre mille livres pour tous droits tant de moy que de ma femme, et de tous les droits paternels que maternels et fraternels, sauf future succession, ce qu'ils ont pris les quatre filles et peut leur avenir à chacune mille livres tournois. Je veux que les mille livres soient payées quand mon héritier sera jouissant des biens, à Marthe Soubiran, la première année, qu'elle aura mille livres, Mlle DE MASSALS, REYNE DE SOUBIRAN, mille livres après un an, à l'héritier du fils de Zabel de Soubiran autres mille livres après la troisième année, et Mlle de Capriol, à ses fils quatre mille livres; moyennant ce dessus, les titres de tous les biens, sauf future succession, et donne à ma fille Delphine Soubiran quatre mille livres, y compris les habillemens, tant pour moy que pour ma femme, de tous les droits paternels, maternels et fraternels, et pour ce que j'ay six enfans mâles, Charles, mon fils aîné, Georges-Rimoran, Jean-Garceval, Philippe, commandeur de Beugé, chevalier de l'ordre de Malthe, Pierre et Jacques, dont il y en a quatre à pourvoir de biens, et comme dessus quatre mille livres, trois mille livres comptans et mille livres un an après qu'ils auront pris les trois mille livres. Que si mon héritier ne peut pas payer ladite somme à un chacun, est avisé pour empêcher leurdit frère leur départir de mes biens et censives, comme s'ensuit à un chacun : premièrement, que pour la part de Rimoran et la part de Garceval, Pierre de la Douze, Jacques de la Cazelle, ce faisant quatre parts, je donne tout ce que j'ay dans la parroisse de Saint-Jeaume, comme sont les rentes, censives, captarrière, captmeme, terres, bois, preds, jardin et tous autres droits que j'ay audit Saint-Jean de Jeaume, vicomté de Paulin, et ce pour la part et portion, si mieux n'aiment quatre mille livres; mais il pourra retenir lesdits biens jusqu'à ce que mondit héritier pourra luy payer les quatre mille livres. Je donne à un autre de mes enfans, pour en jouir, tous les biens qui sont dans la vicomté d'Enviolète, comme est contenu auxdites reconnaissances. Plus, je donne à un autre de mes enfans mâles, pour en jouir pour tous ses droits paternels, maternels et fraternels, une métairie que ma femme a en Lauragois, consulat de Puilaurens. Je donne à un autre de mes enfans, s'il n'est pas chevalier, les taxes et censives de la Cazelle, ensemble la métairie de Triblot; les autres quatre pièces sont

pour Georges, Jean et Pierre, avec pacte que si aucun desdits
enfans meurent, les pièces reviendront à mon héritier, en donnant deux cents livres à chacun et à chacune des filles; ainsy je
veux et entends qu'aucune fille n'hérite point au bien que j'ay
dans la terre d'Ariffat et parroisse de Sarclave, car cela est la
succession de mes ancêtres, où il y a eu douze chefs de ligne
depuis mille deux cent que la guerre du comte Raymond de
Toulouse commença à faire fin, mes ancêtres furent regis et
pourveus de toutes charges. Si mon héritier bas nommé n'avoit
pas d'enfans mâles, que ses filles seroient dottées selon la faculté
de la succession, car il pourra avantager lesdites filles, sauf la
terre d'Arifat et parroisse de Sarclave qui est la succession
ancienne; pour établir le tout est que ladite succession viendra
à Rimoran, à ses enfans et aux enfans de ses enfans, sans rechercher d'autres voyes. Et quand il n'y aura pas d'enfans des enfants
de mon héritier, comme dessus viendront à Rimoran, après à
Garseval, après à la Douze, après à Jacques; mais tant qu'il y
aura des enfans lequel ne pourront passer quel droit qui y ait,
je donne à Bessière, qui est écuyer cavalier, les terres que j'ay à
la Bariote et Altravet, et cent livres. Item, je donne à mon serviteur Louis un setier de bled, mesure d'Arifat, tant qu'il vivra; à
Raymond, mon serviteur, un setier de bled, tant qu'il vivra. Je
donne à Sentienelle, mon laquais, dix-huit livres pour le mettre
en métier; je donne à Mᶫᶫᵉ Moner cent livres pour les bons services qu'elle nous a rendus. Et parce que le chef et fondement
de tout testament est de fonder un héritier, moy, soussigné, fais
mon héritier universel et général de tous mes biens, meubles et
immeubles, présens et avenir, et de toutes successions, sçavoir
est mon fils légitime et naturel, Charles de Soubiran, moyennant
quoy sera tenu de faire tout ce qui est à mondit testament; en
foy de quoy, me suis soussigné. Fait au château d'Ariffat, le

vingt novembre mil cinq cent nonante-quatre, par moy, Azéma
de Soubiran, seigneur d'Arifat, ainsy signé à l'original.

Copie en papier de la fin du xviiᵉ siècle environ, de quatre feuillets in-4°
dont trois pages en blanc; Archives de M. Denis de Thezan.

DOCUMENT XIV, NOTES DE LA PAGE 64.

1718.

Maintenue de noblesse de monseigneur de Lamoignon, intendant de la
généralité de Bordeaux, en faveur de JEAN-FRANÇOIS DE SOUBIRAN,
seigneur du Déhès.

Guillaume-Urbain de Lamoignon, chevalier, comte de Lau-
nay-Courson, conseiller d'État, intendant de justice, police et
finances en la généralité de Bordeaux,

Veu l'assignation donnée devant nous, le 4 janvier 1714, au
sieur JEAN-FRANÇOIS DE SOUBIRAN, sieur du Déhez, habitant de Gazo-
pouy, senechaussée de Condom, etc... Autres déclarations du roy
arrest et réglements du conseil nostre procès verbal du 30 du mois
de may dernier, contenant l'inventaire des titres de noble Jean-
François de Soubiran, écuyer, sieur du Déhez, capitaine au régiment d'Orléans, aux fins d'estre déchargé de la dite assignation
et en conséquence d'estre maintenu dans la qualité de noble et
d'écuyer, et dans les priviléges et exemptions attribués aux gentilshommes du royaume et inscrit au catalogue des nobles de la
sénéchaussée de Condom, au pied du quel procès verbal et inventaire est notre ordonnance du dit jour par laquelle nous avons
donné acte au dit sieur de Soubiran de la représentation de ses
titres et ordonné qu'ils seroient communiqués au dit Ferrand,

poursuite et diligence du dit sieur Roche pour y fournir de réponse et contredits dans trois jours, la réponse dudit Ferrand, du 5 de ce mois par laquelle après avoir eu communication de la production du sieur de Soubiran, il s'en remet à nous d'ordonner ce que nous trouverons à propos, etc... Déclaration du roy du 16 janvier mil sept cent quatorze, enregistrée au greffe de la cour des aides de Guienne, le 28 février au dit an, par laquelle Sa Majesté réduit le rapport des titres de noblesse à cent années.

La généalogie du produisant; contract d'échange passé entre noble FRANÇOIS DE SOUBIRAN, écuyer, sieur du Déhez, et demoiselle GABRIELLE DE GOULARD, sa femme, et Pierre Corne, en date du vingtième octobre mil cinq cent quatre-vingt dix sept; contract du dit noble François de Soubiran à la requeste du dit JEAN-MARIE DE SOUBIRAN, son fils, du 30 décembre 1404; contract de mariage du dit noble Jean-Marie de Soubiran avec BÉATRIX DE BERNARD, dans lequel il est assisté de la dite de Lard de Goulard, sa mère, du 3 juillet 1611; contract d'achat d'une partie de la seigneurie du Déhès par noble Jean-Marie de Soubiran, en datte du 30 octobre 1612; contract de mariage de noble PIERRE DE SOUBIRAN, sieur du Déhès, avec MARIE DEMPTE, demoiselle, dans lequel il est assisté d'Estienne de Bernard, son oncle, en conséquence de la procuration de Béatrix de Bernard, sa mère, du vingt-quatrième novembre 1642; contract de mariage de noble JEAN-JACQUES DE SOUBIRAN, écuyer, seigneur de la Teulère, avec ANNE LABAT, dans lequel il est dit fils de noble Pierre de Soubiran, écuyer, sieur du Déhès, et de demoiselle Marie Dempte, du premier février mil six cens soixante dix neuf. Extrait baptistaire du dit noble JEAN-FRANÇOIS DE SOUBIRAN, produisant, dans lequel il est dit fils du dit noble Jean-Jacques de Soubiran et de la dite demoiselle Labat, en datte du vingtiesme décembre mil six cens quatre vingt deux.

Commission de capitaine d'une compagnie au régiment d'infanterie d'Orléans en faveur du sieur de Soubiran produisant en datte du huitième avril mil sept cens dix; et tout considéré nous avons déchargé le dit sieur Jean-François de Soubiran, écuyer, sieur du Débès, de l'assignation à luy donnée devant nous à la requeste du dit Ferrand, en conséquence l'avons maintenu et gardé, maintenons et gardons ensemble ses enfans et postérité nés et à naistre en légitime mariage dans la qualité de noble et d'écuyer et dans les priviléges et exemptions attribués aux gentilshommes du royaume tant qu'ils vivront noblement, etc., attendu qu'il a justifié sa noblesse et celle de ses auteurs depuis et compris l'année mil cinq cens quatre vingt dix sept. Ordonnons qu'il sera inscrit sur le catalogue des nobles de la seneschaussée de Condom, etc. Fait à Bordeaux le vingtième juin mil sept cens dix huit.

DE LAMOIGNON.

Archives du château de Campaigno.

DOCUMENT XV, NOTE DE LA PAGE 67.

AVANT ET APRÈS 1596.

Extrait relatif à la vie héroïque de MICHEL DE PATRAS *de Campaigno, dit le Chevalier noir.*

Les nouvelles que le seigneur de Fresnoy apportait ranimèrent l'ardeur de la garnison. Le roi leur promettait des secours, il avait même donné ordre au gouverneur d'Étaples, PATRAS DE CAMPAIGNO, de s'embarquer avec toutes les troupes dont il pouvait disposer et de se rendre à Calais pour de là s'introduire

dans Boulogne. Ce capitaine était déjà depuis quelque temps à
Calais, et il attendait une occasion favorable pour se jeter dans
Boulogne. Tous les passages se trouvaient entre les mains des
Ligueurs, et, de plus, les chemins étaient si difficiles qu'on
avait tout à craindre en s'y engageant.

Pendant que tout ceci se passait, la crainte augmentait dans
la ville; chaque jour les habitants des villages environnants
apportaient dans le camp une quantité prodigieuse d'échelles,
car tout se préparait pour un assaut général. Le gouverneur crut
le moment opportun pour envoyer un exprès au sieur de Campaigno afin de le presser d'arriver avec des renforts. On choisit
le capitaine Walvi pour mettre à exécution cette périlleuse entreprise; déjà une fois il avait pu s'introduire dans la place, et on
espérait qu'il serait assez heureux pour réussir de nouveau.

A cet effet, le sieur de Belleval, accompagné d'une trentaine
de soldats, étant sorti de la ville le 1ᵉʳ juillet, vers le soir, s'ap-
procha des avant-postes des Ligueurs, tua la sentinelle et s'élança
dans la tranchée de Saint-Martin, cherchant à attirer les Ligueurs
du côté opposé où le sieur de Walvi, accompagné d'un guide,
essayait de franchir la ligne ennemie. Il y réussit; mais le sieur
de Belleval, ayant rencontré une résistance à laquelle il ne s'attendait pas, était perdu si le gouverneur n'eût envoyé, pour le
dégager, un renfort qui soutint le combat le temps nécessaire
pour assurer la retraite de Walvi.

Dans la ville on attendait avec impatience le renfort que le
gouverneur d'Étaples devait amener, quand on apprit que le
sieur de Campaigno, avec trois cents hommes d'élite, était sorti
de Calais le samedi 9 juillet, à l'entrée de la nuit. Le lendemain,
à 3 heures du matin, on aperçut sa petite troupe près de la
ferme de Beaurepaire. Aussitôt de Campaigno s'avança sur les
avant-postes, tua la sentinelle, et avec la bravoure qui le carac-

térisait se jeta en avant, mit en fuite ceux qu'il rencontra sur son passage, et marcha droit vers la petite porte du château[1].

Pendant ce temps du Bernet s'était avancé au dehors du château pour soutenir le renfort qui lui arrivait et opérer sa jonction avec le sieur de Campaigno. Celui-ci marcha immédiatement vers les retranchements, qu'il enleva malgré la valeureuse résistance du sieur de Sercu, fils du sieur de Brosse, gouverneur de Mousson. Ce gentilhomme soutint longtemps les efforts de Campaigno; mais ayant été blessé mortellement, il fut obligé de quitter le champ de bataille. Les Ligueurs firent en vain tout ce qui était en leur pouvoir pour porter secours à huit des leurs qui s'étaient jetés bravement dans les retranchements et opposaient une résistance héroïque.

Le duc d'Aumale ne put jamais rallier sa cavalerie et la mettre en mouvement à cause du feu bien nourri des batteries que du Bernet faisait tirer du rempart. Le bruit des décharges d'artillerie effrayait les chevaux, qui pour la plupart avaient été fournis par les paysans, et étaient par conséquent peu accoutumés au bruit du canon. Le combat fut meurtrier, et les Ligueurs eurent à déplorer la perte d'un grand nombre des leurs. Parmi eux se trouvaient le sieur d'Aimery, enseigne du duc d'Aumale, le capitaine Monchy, d'Abbeville, et plusieurs autres personnes de marque, dont les corps furent ensuite inhumés dans l'église des

---

1. Henri IV, voulant perpétuer le souvenir et l'exemple de cette glorieuse action accomplie par Michel de Patras de Campaigno, le récompensa, non-seulement par la charge héréditaire de sénéchal de Boulonnais, mais encore par le don d'une médaille d'or commémorative de son héroïque fait d'armes. Cette médaille, du module des anciennes pièces de 6 francs, a toujours été conservée comme une précieuse relique historique au château de Campaigno (où elle est encore), par la branche aînée des Patras, possesseurs du château de Campaigno, et par leurs héritiers les de Soubiran de Campaigno.

Cordeliers, lieu ordinaire de la sépulture des Ligueurs de distinction.

Le lendemain de l'arrivée du sieur de Campaigno on remar-
qua un grand mouvement dans le camp des Ligueurs. Pendant
la nuit ils avaient enlevé leur artillerie de la grande tranchée de
Saint-Martin, et s'étaient retirés dans la ville basse. Le gouverneur crut que l'escarmouche de la veille avait fait perdre courage
au duc d'Aumale et qu'il avait abandonné le projet de se rendre
maître de la place. Toutefois, de peur qu'il ne voulût reprendre
sa position, il fit sortir une partie de ses troupes pour détruire
les ouvrages avancés que les Ligueurs avaient élevés du côté du
château, ainsi que les tranchées qui avaient plus de 800 pieds
de long.

Les Huguenots et la Ligue au diocèse de Boulogne, par l'abbé F. Lefebure,
pages 139-142.

Autre extrait se rapportant au Cadet ou Chevalier noir.

Bidossan, gouverneur de Calais, surpris de l'attaque imprévue
de l'armée ennemie, se trouva en peu de jours réduit à l'extré-
mité. Il dépêcha un courrier au roy pour lui porter les articles
de sa capitulation, qui étoit de rendre la place dans six jours, si
elle n'étoit secourue. Sa Majesté, touchée plus qu'on ne sçauroit
s'imaginer d'une si malheureuse et si inespérée nouvelle,
s'avança promptement à Boulogne, sur l'espérance que la comodité
du voisinage lui ouvriroit les moyens pour donner secours à la
place assiégée. Elle n'épargna aucun soin pour cela; mais tous
lui furent inutiles : une armée angloise qui étoit en vuë de la
place, ne voulut jamais entreprendre une si glorieuse action, et
si utile au bien des deux couronnes. Cette voye n'ayant pû réussir, et toutes les autres ayant été empêchées, ou par la contrariété

des vents, ou par la résistance des ennemis, un seul serviteur
du duc d'Espernon eut le bonheur de se jeter dans la place; la
fortune n'ayant pas voulu priver le maître, quoiqu'absent, de la
meilleure action qui se passa en cette occasion par l'emploi
qu'elle y donna à une de ses créatures. Ce fut le *Cadet Noir*, de
la maison de CAMPAGNOL, qui entreprit cette action, et qui l'exécuta.
Son aîné, par la faveur du duc, étoit capitaine d'une compagnie
au régiment des Gardes et son lieutenant au gouvernement de
Boulogne. Cet autre avoit une compagnie au régiment de Picardie, dont il avoit été gratifié par le même duc. Dès qu'il sçut
que les ennemis avoient pris la route de Calais, il s'alla jetter
auprès de son frère[1] dans Boulogne, et s'y trouva à l'arrivée du roy.
Ne pouvant demeurer immobile dans cette générale confusion
qui paroissoit auprès de Sa Majesté, il offrit de passer au travers
des ennemis dans la place assiégée avec le nombre d'hommes
qu'on lui voudroit donner, ou de mourir dans l'entreprise. Sa
valeur étoit si bien connuë, que le roy ne doutoit pas qu'il ne
fît tout ce qui se pouvoit attendre d'un grand courage; mais le
péril étoit tel que Sa Majesté avoit de la peine à consentir qu'un
si brave homme s'exposât à une perte qui sembloit être manifeste.
Il fallut néanmoins relâcher quelque chose à la violence de ses

1. Bertrand de Campaigno, après la mort de son frère Michel, fut nommé
sénéchal du Boulonnais. Il eut pour successeur dans sa charge son neveu
François, qui transmit à son tour son office à son frère Emmanuel, seigneur
de Cohen, Neufchatel, Nelle et autres lieux en Picardie. François de Patras,
lieutenant au régiment de cavalerie de Roquepine et fils d'Emmanuel de
Patras, recueillit à son tour la fonction de sénéchal de Boulonnais, qui devint
ainsi héréditaire dans sa famille. François s'était allié en premières noces à
sa cousine Marie-Claude de Patras, fille du premier François ci-dessus, et
en secondes, à Marie d'Audegau-d'Hubersen, fille de messire Antoine
d'Audegau, colonel de cavalerie, seigneur d'Hubersen, de Meyrin, de
Rollet, etc.

prières et à l'importance de l'occasion. On lui donna trois cens hommes seulement, avec lesquels, à la faveur de la nuit, il se jetta dans la place, sans en perdre aucun. Elle étoit sauvée s'il eût conduit un plus grand secours; mais il fallut qu'il se contentât de l'honneur de l'entreprise, sans pouvoir jouir des avantages du succès qu'il en devoit espérer, comme nous allons voir. Ceux qui furent envoyés par les ennemis après le terme de six jours expiré, pour demander la place, suivant les articles de la capitulation, n'eurent autre réponse des assiégez, sinon qu'ils étoient quittes de leur parole et qu'ils avoient été secourus. Rosne, ému plus que l'archiduc même de cette réponse, ayant fait battre la place avec plus de furie qu'elle ne l'avoit été durant tout le siége, fit préparer un assaut général. Bidossan ayant été tué aux premières attaques, Campagnol prit sa place et repoussa, après un combat de deux heures, les ennemis. La brèche étoit néanmoins si grande, qu'elle ne pouvoit être longuement défendue par le petit nombre d'hommes qui lui restoient. Les ennemis lui représentèrent souvent ce qu'il connoissoit aussi bien qu'eux; ils lui firent voir par le mauvais état de la place sa perte inévitable; ils lui offrirent des conditions avantageuses pour se rendre, mais il n'y étoit pas entré avec tant de péril pour en sortir avec tant de sûreté. On retourna à l'assaut jusqu'à trois fois, et les ennemis faisant succéder de moment en moment de nouveaux soldats à ceux qui avoient été repoussés, ceux de Campagnol furent enfin forcés par le plus grand nombre. Le chef seul et abandonné ne put se résoudre d'en faire de même; mais sa résistance ne pouvant aussi arrêter la foule des victorieux, il fut accablé plutôt que vaincu de la multitude, et retenu prisonnier.

Hist. de la vie du duc d'Epernon, par Girard, t. II, page 162.

Autre extrait concernant MICHEL DE PATRAS-CAMPAIGNO.

Le roi, cependant, s'était mis lui-même en marche pour Boulogne où il ne trouva ni Anglais, ni Hollandais, mais seulement la nouvelle positive du triste sort de l'expédition. Il n'y avait pas de temps à perdre pour mettre une seconde fois le gouverneur de Calais en des conditions qui l'autorisaient à ne pas livrer la citadelle, ainsi qu'il avait pris l'engagement de le faire à défaut de secours ; cet effort renouvelé pouvait, d'ailleurs, mieux réussir. Il n'était pas douteux, néanmoins, que l'insuccès de la première tentative rendait celle-ci plus dangereuse, plus difficile ; or nul ne fut jugé plus capable de la conduire à bonne fin que le frère du lieutenant au gouvernement de Boulogne, l'autre CAMPAIGNO, ce brave *Cadet Noir*, le héros de l'affaire de la Guerche. Gratifié par d'Épernon d'une compagnie au régiment de Picardie, Michel, dès qu'il sut le danger que courait la ville de Calais, vint trouver son frère à Boulogne, et y était à l'arrivée du roi : il offrit de se charger de la seconde expédition, et promit d'entrer dans la place en passant à travers l'ennemi. Sa valeur était bien connue, mais le roi hésitait à envoyer en un tel péril un si bon capitaine : enfin, on se rendit à ses instances, deux cent cinquante hommes lui furent donnés, et il les choisit lui-même parmi les meilleurs de la garnison. Quelques gentils-hommes, amis de son frère, se joignirent à lui, et Michel, escorté de plus par deux cents gendarmes, aux ordres d'Henri de la Tour, duc de Bouillon, s'achemina vers Calais, le 22 avril, avant la chute du jour. La nuit qui suivit fut très-sombre. Arrivé à une demi-lieue de la place, deux heures avant qu'il fît clair, Campaigno, ainsi qu'il avait été convenu, prit congé de son escorte, et se glissant, à la faveur des ténèbres, entre la tour de Risbane et le fort occupé par les Italiens, sans hésiter, au milieu du plus grand silence, franchit le canal, d'où la mer s'était retirée, en un instant fut à la porte, et une seconde après, dans la citadelle : jamais plus hardi coup de main ne fut plus heureusement exécuté. Le lendemain, quand l'archiduc s'en aperçut, il se montra fort irrité; il ôta le commandement du fort au marquis de Trevico, qu'il remplaça par Louis de Velasco, avec son régiment espagnol.

Campaigno trouva Vidossan en des dispositions assez fermes que ses premiers actes ne promettaient pas. Ce capitaine, après tout, n'était point un lâche; il avait été négligent, timoré, avait trop tôt désespéré de sa cause; quand il se vit seul, dénué de tout secours, réduit à ses propres forces, l'esprit de résolution lui manqua; mais les reproches des bourgeois, ceux de sa conscience peut-être, l'avaient atteint au cœur; la contenance assurée, le courage de ceux qui l'avaient suivi dans la citadelle, sans lui donner beaucoup d'espoir, réveillèrent ses sentiments d'honneur; déterminé à se défendre, « Vous le voulez, leur avait-il dit, vous mourrez tous, et moi aussi. » L'arrivée des Boulonnais, toutefois, lui rendit quelque confiance. Lorsque Campaigno eut pris connaissance de l'état de la place, de ses ressources, il ne fut pas sans crainte sur les conséquences d'un blocus prolongé; les bouches étaient nombreuses et les provisions courtes, l'eau manquait à ce point qu'on la refusait aux bestiaux qui périssaient de soif. Aussi l'expert capitaine se réjouit-il dès qu'il crut deviner dans les dispositions de l'ennemi, dans ses préparatifs, des projets d'attaque; quel que fut l'événement, l'assaut allait abréger une situation critique. Tous ses efforts s'appliquèrent à relever l'esprit du soldat, que la conduite première du gouverneur avait pu décourager; quant aux bourgeois, il n'en était pas besoin :

il fit briller aux yeux de tous la gloire qu'ils pouvaient conquérir, leur parla de l'importance de Calais, boulevard de cette frontière, de sa conservation, indispensable à la France ; de Boulogne, où il l'avait laissé, le roi ne les perdait pas de vue, il attendait des troupes à l'aide desquelles, sans aucun doute, il allait accourir avec des récompenses pour les braves, des châtiments pour toutes les défaillances. Ces paroles ranimèrent les cœurs ; tout se prépara dans la citadelle pour soutenir un combat qui paraissait imminent.

L'archiduc, en effet, fort de son premier succès, et prévoyant que l'entrée du renfort boulonnais lui serait, avec raison, objectée comme faisant tomber toute stipulation de reddition, s'était décidé à emporter la citadelle de vive force. Quatre bastions la flanquaient, deux du côté du port, et deux autres vers la terre ; l'un de ceux-ci n'était, à proprement parler, qu'une maçonnerie creuse, dont on avait comblé l'intérieur avec du sable. De Rosne, qui ne l'ignorait pas, dirigea sur ce point le feu de toutes ses batteries, sept cents coups de canon eurent raison du bastion qui s'écroula dans le fossé, étroit et peu profond, à peu près rempli, du reste, par l'éboulement des pierres et du sable, ce fossé devint un passage facile pour les ennemis, qui s'élancèrent à l'assaut. Deux fois repoussés, avec de fortes pertes, ils laissèrent les Français maîtres du terrain, bien que ceux-ci fussent entourés eux-mêmes d'un grand nombre de leurs morts et de leurs blessés. Vidossan périt sur la brèche, au deuxième engagement, rachetant par une mort honorable ses premières faiblesses. Campaigno, dès ce moment, prit le commandement des troupes, et, par les exhortations les plus vives, s'efforça de faire passer en elles l'ardeur dont il était animé ; il combla leurs vides en resserrant les rangs, se mit à leur tête et se tint prêt à une nouvelle attaque. Elle ne se fit pas attendre : les Espagnols, renforcés de compagnies fraîches,

10

que l'archiduc leur envoyait sans cesse, montèrent une troisième fois à l'assaut. Durant quelques heures encore les Français
les continrent, ils perdirent quatre cents des leurs, tant citoyens
que soldats ; le reste, exténué, sans espoir, entraîné moins par
le sentiment du danger que par les cris des femmes et des
enfants, commença à plier ; l'ennemi, qui s'en aperçut, redoubla
d'efforts, et, se précipitant sur les remparts avec une nouvelle
furie, parvint enfin à mettre en fuite cette garnison réhabilitée.
Ceux que l'épée du vainqueur ne put atteindre se jetèrent par-
dessus les murs dans les fossés, où la plupart s'estropièrent ou
trouvèrent la mort ; quelques-uns, en petit nombre, s'enfermèrent
avec les femmes dans l'église, et s'y retranchèrent ; ils furent
sauvés, ayant pu échapper ainsi à cette première fureur du soldat
victorieux, toujours suivie d'une réaction de pitié. Campaigno,
après des preuves répétées de la plus grande valeur, demeuré
seul sur la brèche, abandonné de tous, ne voulait pas reculer ;
enveloppé par les Espagnols, il fut fait prisonnier, avec le colonel
Dominique, des auxiliaires hollandais, et le lieutenant de ce
dernier.

Histoire du Boulonnais, par J. Hector de Rosny, t. III, p. 515.

Extrait sur MICHEL *et* BERTRAND DE CAMPAIGNO, *son frère aîné.*

MICHEL DE CAMPAIGNO, *le Cadet Noir*, le Chevalier Noir, comme
on l'appela depuis, commandant la province, récemment élevé
à la dignité de sénéchal, attestait, et par sa vigilance et par des
actes journaliers d'une rare intrépidité, qu'il était digne de cette
double fonction. Le plus lourd fardeau de la défense reposait sur

lui, car il en était le centre, obligé à chaque instant d'envoyer du secours à celui-ci, des munitions dans cette place ; et quand ces devoirs étaient remplis, il n'avait garde de s'épargner lui-même : souvent on le voyait sortir de Boulogne, suivi de quelques-unes de ses troupes, soit pour escorter l'expédition d'un convoi, soit pour disperser une bande dont la présence lui avait été signalée, car l'ennemi s'avançait parfois jusque dans les villages et lieux environnants ; il menaça Hardelot ; une bande considérable, rassemblée à Hesdin, pénétrant au cœur du Boulonnais, dévasta le château de Samer. Un matin du mois de mars, Michel fut averti qu'on apercevait vers Wierre-Effroye, marchant sur Boulogne, suivant toute apparence, par la vallée de Perne et de Souverain-Moulin, un corps ennemi fort de six cents hommes, sorti de Calais ou d'Ardres, et désolant, ruinant tout sur ses pas. A l'instant Campagno prend ses armes, assemble l'élite de ses hommes, quelques bons officiers, et s'avance à leur tête dans la direction qu'on lui avait indiquée. Au débouché du village de Wimille, il apprend que l'ennemi suit le cours de la rivière, qu'il approche, qu'il ne tardera pas à paraître : raison de plus pour se hâter. Michel poursuit sa marche, bien qu'avec les précautions requises, remonte le Wimereux en le côtoyant, et se trouve tout à coup en présence des Espagnols, au-dessus de Grisendalle, près du lieu dit le Luquet, et d'un petit pont de pierre appelé le pont de Cuverville, que ceux-ci s'apprêtaient à franchir. Notre capitaine s'élance pour les en empêcher, il entraîne les siens, et, le premier, la lance au poing, s'avance hardiment sur le pont qu'abordent au même moment les Espagnols du côté opposé. C'est dans cet étroit passage que la lutte s'engage, et qu'après force bons coups portés, Michel en reçoit un dans la tête qui l'étend sur le sol. Il se relève cependant, et exhorte ses gens qui, furieux, exaspérés de la blessure de leur chef, se précipitent en masse, à l'aide d'un vigoureux effort sont tous sur l'autre rive, et chargent avec une telle furie l'escadron étranger, qu'après une courte mêlée, ils le mettent en fuite, et restent maîtres du terrain si chaudement disputé. Mais cette victoire leur a coûté cher : perdant son sang, et transporté dans la ferme voisine, leur brave commandant, malgré les soins qui lui furent donnés, devait succomber à sa blessure ; précédé à Boulogne par dix-huit prisonniers, il y fut ramené lui-même, et expira en arrivant. Son corps, plusieurs jours après, fut inhumé, au milieu du deuil de la population, dans le chœur de l'église de Notre-Dame. Ainsi périt, jeune encore, le premier Patras de Campaigno, sénéchal en Boulonnais. Son frère[1], comme il a été dit, l'y avait précédé, et eut le temps d'y rendre de plus longs et plus signalés services : Michel, néanmoins, le Chevalier Noir, semble résumer à lui seul tous les souvenirs, comme tous les honneurs d'un nom demeuré populaire : est-ce aussi pour cette forme de surnom, toujours un peu mystérieuse, qui, semblable à une légende, frappe l'esprit du peuple, entre dans sa mémoire, et y reste gravée ? Bien diverses et souvent inaperçues sont les causes de la célébrité. Nous nous sommes efforcé, quant à nous, de faire à chacun des deux frères sa part : Bertrand, d'ailleurs, va reparaître sur la scène.

Histoire du Boulonnais, par de Rosny, t. III, p. 527-528.

[1]. Ce frère, on l'a vu plus haut, s'appelait Bertrand : lui et Michel de Campaigno étaient fils de noble Bernard de Patras, seigneur de Campaigno, de Ligardes, et de Catherine du Bouzet-Marin. Leur frère aîné, noble Arnaud-Bernard de Patras, avait, comme ses deux cadets, embrassé le métier des armes. Il est mentionné avec le rang de capitaine dans une donation du 22 juin 1579. Louise de Timbrune de Valence, femme d'Arnaud-Bernard, lui donna huit enfants qui furent : François, Bernard, Emmanuel, Georges, Antoine, Pierre, Catherine, Anorée ou Honorée.

DOCUMENT XVI, NOTES DE LA PAGE 74.

7 FÉVRIER 1765.

Dominique de Patras transmet les noms et armes de sa branche à Arnaud de Soubiran.

Par devant nous, avocat au parlement, notaire royal de Francescas, ce jourd'hui, constitué, au château noble de Campaigno en Condomois, le 7ᵉ jour du mois de février 1765, après midi, fut présent messire Dominique de Patras, écuyer, seigneur de Campaigno, Ligardes et autres places, ci-devant capitaine au régiment de Bourbonnais et pensionné du roy, habitant au présent château, lequel a fait et constitué son procureur général et spécial, l'une qualité ne dérogeant à l'autre, savoir :

Auquel le dit sieur constituant donne pouvoir de se transporter où besoin sera pour assister de sa part au mariage à contracter entre noble Arnaud de Soubiran du Déhès, écuyer, chevalier de l'ordre royal et militaire de Saint-Louis, ci-devant capitaine des gardes de Lorraine et pensionné du roy, son neveu, et noble demoiselle de Lartigue de Cahuzac, témoigner dans ledit contrat le plaisir qu'a le sieur constituant du dit engagement. Et comme c'est l'intention du dit constituant de faire du bien au sieur du Déhès et qu'il lui avoit apposé la charge que le dit sieur du Déhès porteroit son nom et armes par un codicille, *il prie ledit sieur du Déhès de vouloir par anticipation porter le nom du sieur constituant et ses armes* et il espère qu'il voudra lui faire ce plaisir comme étant une condition sous laquelle il recevra, après le décès du sieur constituant, des témoignages plus réels de sa tendre amitié.

Signé : DUPOURTAU.

Vivent, notaire royal.

Archives du château de Campaigno, acte portant le timbre de la généralité de Montauban.

DOCUMENT XVII, NOTES DE LA PAGE 72.

10 FÉVRIER 1763.

Brevet de chevalier de Saint-Louis en faveur d'Arnaud de Soubiran de Campaigno, dit du Déhès, et capitaine aux gardes de Lorraine.

M. ARNAUD DU DÉHÈS, la satisfaction que j'ai de vos services m'ayant convié à vous associer à l'ordre militaire de Saint-Louis, je vous écris cette lettre pour vous dire que j'ai commis le sieur comte de Cucé colonel du régiment des gardes Lorraines, pour en mon nom, vous recevoir et admettre à la dignité de chevalier de Saint-Louis, etc.

Je prie Dieu qu'il vous ait, M. Arnaud du Déhès, en sa sainte garde.

Écrit à Versailles le 10 février 1763.

LOUIS.

Le duc de Choiseul.

Nous colonel du régiment des gardes de Lorraine, maître de la garde robe du roi, premier gentilhomme de la chambre du roi de Pologne, certifions qu'en conséquence de la lettre et de l'ordre adressés à nous par Sa Majesté, nous avons reçu chevalier de

l'ordre royal et militaire de Saint-Louis le sieur Arnaud du
Déhès, capitaine dans le régiment des gardes Lorraines que nous
avons l'honneur de commander, etc. En foi de quoi nous lui
avons délivré le présent certificat ce 28 février 1763.

BOISGELIN,

Comte de Cucé.

Archives du château de Campaigno.

DOCUMENT XVIII, PAGE 90.

1ᵉʳ DÉCEMBRE 1670.

Arrêt du conseil d'État qui maintient Barthélemy de Soubiran dans
sa noblesse.

Vu, au conseil du roy, les arrêts rendus en icelluy les 22 mars
et 14 octobre 1666; lettres patentes sur iceux expédiées aux sieurs
commissaires généraux audit conseil, députés par Sa Majesté
pour la recherche des usurpateurs du titre de noblesse et de la
qualité d'écuyer, et au sieur Foucauld, procureur général de
ladite commission des 14 may, 20 septembre et 14 octobre audit
an 1666; et autres lettres patentes et arrêt donné pour l'exécution des déclarations de Sa Majesté des 8 février 1661, 22 juillet 1664 et autres précédentes; l'instance entre Barthelemy de
Soubiran, avocat en la sénéchaussée de Lauragais, au diocèse de
Saint-Papoul, demeurant à Castelnaudary, province de Languedoc,
opposant à l'exécution du jugement souverain rendu par le sieur
de Bezons, commissaire départi en ladite province, le 29 may 1668,
entre REYNÉ DE SOUBIRAN, son oncle, demeurant à Narbonne, par
lequel ledit Reyné de Soubiran a été déclaré roturier et con-

damné en l'amende de cent livres, deux sols pour livre d'icelles
et aux dépens, demandeur d'une part; et Me Alexandre Belleguise, commis à la recherche des usurpateurs de noblesse en
ladite province de Languedoc, deffendeur d'autre; l'inventaire
de production des titres et pièces de noblesse dudit Soubiran par
lequel par sa généalogie est articulé être descendu de BÉRENGUIER
DE SOUBIRAN, écuyer, et demoiselle JEANNE GUILLOT, quint-ayeul
dudit demandeur, lequel avoit pour fils noble PIERRE DE SOUBIRAN,
écuyer, quatri-ayeul, qui épousa damoiselle YOLANDE DE GLANDEVÈS,
dont est issu noble ANTOINE DE SOUBIRAN, écuyer, trisayeul du
demandeur, duquel et de la damoiselle JEANNE DE RIGAUD, est sorti
BARTHELEMY DE SOUBIRAN, avocat, receveur des tailles du diocèse de
Saint-Papoul et marié à damoiselle JEANNE DE LATGER, desquels est
issu JACQUES DE SOUBIRAN, docteur en droit, avocat en la sénéchaussée de Lauragais, marié à ROSE DE BONAL, desquels est issu BARTHE-
LEMY DE SOUBIRAN, demandeur. Pour la justification de laquelle
généalogie il rapporte, sur le premier degré, contrat de mariage
de Beringuier de Soubiran, écuyer, seigneur de Brassac, avec
Jeanne Guillot, passé devant Boiroly, le 16 mai 1487; sur le
second degré, contrat de mariage de Pierre de Soubiran, écuyer,
seigneur de Brassac et Belfort, avec Yolande de Glandevez,
passé devant Gallery, le 18 décembre 1530; expédition en papier
du testament de noble Pierre de Soubiran, écuyer, seigneur de
Brassac, reçu par Aimard du Jaric, le 12 août 1561; sur le troisième degré, expédition en papier du contrat de mariage de
noble Antoine de Soubiran, écuyer, avec Jeanne Rigaud, passé
devant Forgue, le 16 février 1575; sur le quatrième degré, grosse
en parchemin du contrat de mariage de Barthelemy de Soubiran,
maître des eaux et forêts, receveur des tailles, au diocèse de
Saint-Papoul, et de Claire de Brugelles, passé devant Lamy, le
15 juin 1613; expédition d'un autre contrat de mariage du même

Barthelemy de Soubiran et de Jeanne de Latger, passé le 12 juin 1622; sur le cinquième degré, expédition en papier du contrat de mariage de Jacques de Soubiran, docteur en droit, avocat en la sénéchaussée de Lauragais, père du demandeur, avec Rose de Bonal, passé devant Bonnecleray, le 28 février 1641, blason des armes de la maison de Soubiran qui porte : *D'argent à la bande de gueules*; ordonnance desdits commissaires généraux dudit conseil du 10 février 1667, par lequel ledit Soubiran est reçu opposant à l'exécution du jugement rendu contre ledit Reyné Soubiran, le 29 may 1668, et ordonne qu'il produira, au greffe de ladite commission générale, les titres et pièces sur lesquelles ledit jugement est intervenu, les dits et contredits dudit Belleguise, signifiés à Boucher, avocat dudit de Soubiran, signifiés à Grohyer, avocat dudit Belleguise, le 8 may audit an, et généralement tout ce qui est écrit et produit, pour le tout communiquer au procureur général de ladite commission, être fait droit aux parties ainsy que de raison; conclusions dudit procureur général du roy en ladite commission; ouï le rapport du sieur Marin, conseiller du roy en ses conseils, maître des requêtes ordinaire de son hôtel, commissaire à ce départi, qui en a communiqué : le tout considéré, le roy en son conseil fesant droit sur l'instance, a maintenu et gardé ledit Barthelemy de Soubiran, ses enfans et postérité, nés et à naître en légitime mariage, en la qualité de noble et d'écuyer, a ordonné et ordonne qu'ils jouiront de tous les privilèges, honneurs et exemptions dont jouissent les gentilshommes du royaume, fesant Sa Majesté deffense audit Belleguise et à tous autres de les y troubler, tant et sy longuement qu'ils vivront noblement et ne feront acte de dérogeance à noblesse; et sans s'arrêter au jugement dudit sieur Bezons, commissaire départi en la généralité de Montpellier, du 29 may 1668, que Sa Majesté casse et annule, que ledit Barthelemy Soubiran sera inscrit dans l'état et catalogue des gentilshommes qui sera arrêté au conseil et envoyé dans les bailliages et élections du royaume, suivant l'arrêt du conseil du 22 mars 1670, sans dépens de la cause d'appel. Fait au conseil d'État du roy, tenu à Paris, le premier jour de décembre mil six cent soixante-dix.

Collationné.

FOUCAULT, *signé.*

Copie en papier, Archives de M. Denis de Thezan.

DOCUMENT XIX, NOTES DE LA PAGE 95.

23 AOUT 1698.

Maintenue de noblesse en faveur de noble Henri de Soubiran, seigneur de Lissac, au pays de Foix.

Veu les dites déclaration du roy, arrest du conseil et exploit d'assignation, cayer contenant diverses reconnoissances faites à ANTOINE DE SOUBIRAN, qualiffié noble et fils de noble JEAN DE SOUBIRAN, seigneur d'Arifat, du 2 juin et autres jours suivants de l'année 1513. Transaction passée devant notaire, le 5 juillet 1557, entre ADÉMAR SOUBIRAN, seigneur d'Arifat, qualiffié noble et fils du dit noble Antoine d'une part, et noble Jacques de Saint-Maurice. Testament du dit Adémar de Soubiran, par lequel il paroist qu'il avoit un frère qui estoit grand prieur de Toulouze et que JEAN SOUBIRAN, dit *Guarseval,* et PHILIPPE DE SOUBIRAN, commandeur de Levant, chevalier de Malte, estoient deux de ses fils; le dit testament du 20 novembre 1594; Codicille du dit noble Adhémar de Soubiran, seigneur d'Arifat, par lequel il paroist que damoiselle DALPHINE D'AURE estoit sa femme, que noble JEAN DE SOUBIRAN, grand prieur de Toulouze, estoit son frère, et que noble Jean de Soubiran estoit l'un de ses fils; le dit codicille passé pardevant notaire, le 7 décembre 1595. Testament du dit Jean de Soubiran, qualifié noble, par lequel il paroist que demoizelle Louise de Chasteau-Verdun, dame de Lissac, estoit sa femme et que noble Philippe de Soubiran, sieur d'Arnac, estoit son fils; le dit testament passé par devant notaire, le 7 novembre 1621. Contract de mariage du dit Philippe de Soubiran, seigneur de Lissac, qualifié noble, avec demoiselle Margueritte d'Orbessan, passé par devant notaire, le 28 janvier 1648. Extrait baptistaire de noble Henry de Soubiran, produisant, par lequel il paroist qu'il estoit fils du dit noble Philippe et de ladite Margueritte d'Orbessan, du 9 novembre 1649, le dit extrait deuement légalisé. Inventaire de production faite par devant nous des titres et pièces cy-dessus. Consentement du procureur du dit de Lacour de Beauval à la décharge de ladite assignation. Conclusions du procureur du roi, etc. Fait à Montauban le 23 août 1698, signé *le Pelletier de la Houssaye*, et plus bas par monseigneur, *Olivier*.

Nobiliaire de Montauban et d'Auch, t. IV, p. 1427-1428. Bibliothèque de Richelieu, Cabinet des titres.

Document XX, notes de la page 96.

4 février 1700.

Maintenue de noblesse en faveur de Jacques de Soubiran, sieur de Satur.

Veu les déclarations du roy, exploit d'assignation, arrest du conseil du 26 février 1697, servant de réglement pour ladite

déclaration, jugement rendu par M. de la Houssaye, notre pré-
décesseur, le 23 août 1698, en faveur de noble HENRY DE SOUBIRAN,
sieur de Lissac, dans lequel est énoncée une transaction passée
entre noble ADHÉMAR DE SOUBIRAN, seigneur d'Arifat, fils du feu
noble ANTOINE DE SOUBIRAN, d'une part; et noble Jacques de
Saint-Maurice, du 5 juillet 1557; codicille dudit noble Adhémar
de Soubiran, dans lequel il est fait mention de demoiselle
DALPHINE D'AURE, sa femme, et de PIERRE DE SOUBIRAN, l'un de ses
fils, du 7 décembre 1695; ledit codicille énoncé dans ledit
jugement de M. de la Houssaye; contrat de mariage dudit noble
Adhémar de Soubiran avec ladite noble Dalphine d'Aure, du
27 octobre 1560; testament de ladite noble Dalphine d'Aure,
femme dudit noble Adhémar de Soubiran, dans lequel il est
fait mention dudit Pierre de Soubiran, l'un de ses fils, du
15 mars 1583; contrat de mariage de noble LOUIS DE SOUBIRAN,
sieur de Satur et de Calvayrac, avec demoiselle MARIE DU BUISSON,
par lequel il paroit qu'il estoit fils dudit noble Pierre de Chadenal
de Soubiran et de demoiselle JEANNE DE MOISSET, du 28 janvier 1665; contrat de mariage de noble JACQUES DE SOUBIRAN DE
SATUR, assisté de ladite demoiselle Marie du Buisson, veuve du
dit noble Louis de Soubiran, avec demoiselle GABRIELLE DE
PONBREL, du 29 mars 1696; extrait baptistaire dudit Jacques de
Soubiran, par lequel il paroit qu'il est fils dudit noble Louis de
Satur de Soubiran, sieur de Calvayrac, et de ladite demoiselle
Marie du Buisson, ledit extrait du 12 février 1666 deuement
légalisé. Inventaire de production faite pardevant nous, des titres
et pièces cy-dessus contredits du procureur dudit de Lacour de
Beauval. Extrait du compte rendu par Nicolas Catel, chargé de
la recherche des usurpateurs du titre de noblesse dans les généralités de Montauban et Bordeaux, par résultat du conseil du
25 février 1666; en conséquence des jugements rendus par

M. Pellot, intendant des généralités, par lequel il paroit que
Louis de Satur, sieur de Calvayrac, habitant du Mur de Barrès,
père dudit Jacques de Soubiran assigné, a payé la somme de
cent trente-trois livres, suivant le rolle du 18 mars 1670; ledit
extrait délivré le 2 décembre 1671; conclusions du procureur du
roy; tout considéré. Fait à Montauban, le 4 février 1700, signé :
Le Gendre, et plus bas par monseigneur, *Musnier.*

Nobiliaire de Montauban et d'Auch, t. II, p. 469 et 470. Bibliothèque
de Richelieu, Cabinet des titres.

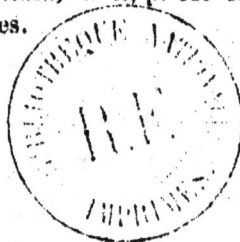

FIN DE L'APPENDICE.

PARIS. — J. CLAYE, IMPRIMEUR, 7, RUE SAINT-BENOIT. — [1307]